Second voyage

(phase 3)

Michel VANSTAEN

Second voyage
(phase 3)

© 2021 Michel VANSTAEN

Édition : BoD – Books on Demand,
12/14 rond-point des Champs-Élysées, 75008 Paris
Impression : BoD - Books on Demand,
Norderstedt, Allemagne

ISBN : 978-2-3223-7739-8
Dépôt légal : juillet 2021

On n'en finit jamais d'écrire la même histoire
On peut jusqu'à oser se l'écrire à soi-même

On peut même y croire...

Encore,...et encore.

Vibrations dans le 510

Je promène mes doigts sur l'ombre des étagères, danse éphémère de la lumière caressant les rideaux. Les projections ne sont que les éclipses de mes pensées.

Je rentre chez moi.

Mes pas se brûlent au contact de bruissements familiers. L'air ambiant est une symphonie de matières en ébullition. La pièce est emplie d'une marée de signes. Je sens les courants contraires renaître à la vie comme autant d'aimants en fusion. Mes silences ornent chaque recoin d'un même mystère.

Je me sens entouré de mille marées solitaires. Mes mains se marient avec le doux parfum des échappées sur fond d'inconnu.

J'avance sur un rythme tant de fois répété. Je vois ce que je connais, je plonge sur ce que j'ignore. La mouvance n'est que l'intérieur d'une si longue attente, d'un chemin sans balise.

Le soleil se brûle les ailes sur un jeu de miroirs vertigineux. Les franges de la connaissance se vrillent dans des temps qui se veulent asservis.

Je me souviens de mes premiers pas, timides sur fond d'ignorance.

Du plus profond, je sens les changements; à la fois si intimes et tellement universels. Rien ne me prépare à ce qui m'attend. Une couverture de confiance me recouvre le cœur.

J'avance. Mes pas se glissent tendrement dans les espaces laissés libres. Chaque couloir est un tentacule amical, vestige impalpable. Je reconnais avec le sentiment d'une découverte perpétuelle.

Je me déplace dans une acceptation mutuelle, naturelle, vibrante.

Même les caresses de l'air sur ma peau me susurrent que tout est bien, que l'on m'attend.

Je laisse mon regard zébrer toute une étendue d'infinitude. J'y ai souligné tant d'instants éternellement précieux, poussières du savoir dispensé aux soleils de nos ombres. Voies limpides amoureuses de trop de brume. Je m'y replonge à n'en plus savoir où et quand.

Le passé se gèle au contact de ce présent sans instant, au son d'une musique faite de couleurs et de neige. Magnificence de tous ces infinis livrés à ma seule présence.

Je n'ai pas de bagage. Mes pas me nomment le chemin.

L'espace est devenu visage.

Les dimensions comme prolongements de toute intimité.

L'eau coule de mes mains en signes corrosifs.

Je me sens happé dans un songe d'odeurs et de néant. Le monde n'est plus de lui-même ce que mes silences l'en représente. Comme un blues perdu au fil du temps sur la trame de milliers de guitares.

Je m'approche. Le bout du voyage. Tout en devinant dans l'échancrure des ombres qu'il n'y a rien de plus tangible que l'illimité. Après la faim des débuts, l'insigne final.

Chacun de mes pas n'est autre qu'un adieu.

Ma vie n'est-elle que l'ombre d'autre chose ?
La fin des espoirs. L'envol du plus loin.
Le jeu des lumières à l'ultime décès du jour. Des arcs en ciel ornent les vitres et s'immiscent dans les creux de mes articulations. Je me sens comme au terme d'un si long périple.
Mon regard se lie à cet espace libre entre plusieurs ouvrages.
Ma respiration se fait dernière.
Mon corps se blottit dans ce refuge.
Je sens les changements, du plus infime au plus silencieux.
Je ne bouge pas. Ce temps est dépassé. De mes pages, je m'ouvre à d'autres histoires, d'autres subtilités, d'autres voix.

Je n'existe plus en ce jour.
Rien qu'un infime pan de l'existence.
Peut-être...
Pour ce que l'éternité nous accordera.

Brocante d'un dimanche de février

Cérémonie refroidie en un cœur dévoilé. Déferlante sur voie d'extinction. Variations obligées. Ciel à l'abandon.

Y a-t-il quelqu'un à la relève des images ?

Polarité de circonstance. Éphémère sans retour impossible. Mâchoires serrées sur le creux des ombres.

Penses-tu à quelqu'autre fantôme ?

La vallée s'enfonce dans une sentence brumeuse. Le soir n'est que l'ombre d'un autre jour. La senteur du bout de mes doigts a-t-elle encore un sens ? Je plonge au plus loin de mes sens. Je ressens le firmament d'une illusion. Suis-je satisfait ?

Voracité de ces rêves éconduits. Dévoiler la moindre parcelle d'elle- même. Pluralité à n'en plus pourvoir. Valse sur un monde peuplé de messages. Ambiguïté de l'outrage.

Y a-t-il un bruit au-delà ?

Masque serré en germes d'obscurité. Ne rien sentir que ce mince fil. Visions de conscience superposées.

Pourquoi les ombres disparaissent-elles la nuit ?

Je suis mes propres pas, je répète mes propres mots. Autour de moi, vivent une infinité d'éclosions. L'odeur a déjà investi l'herbe des chemins.
Les différences ont retiré leur papier d'argent. Les paroles réverbèrent d'infimes sessions.

Quelle est la voie des silences ?

Contagion, perversité. Vers quelles cités ?

Perspectives déversées sur de tristes aléas. Soulagement des songes passés. Persécution de chaque instant. Bloque ton âme.
Dieu aurait-il abandonné ses rêves ?
Chaque naissance est une loterie aléatoire. Chaque destin est à peine l'image de nos questions. Les précipices n'existent plus. Les vents ne se sont pas encore dénudés. Il y a tant devant.

Il y a tant devant mes pas.
Tant à faire…
Tant à défaire

Chute d'eau en x-ième dimension

Tu m'accompagnes depuis si longtemps
Au gré de tous les vents tu me veilles
Il y a des cieux où la solitude est vaine
Il y a des lieux où les cris ne meurent pas

Tu suis l'éphémère de mes pas
Tu es le brouillard au sortir de l'ombre
Il n'y a pas de vague quand la terre a parlé
Il n'y a pas de rêve si près du néant

  Je viens d'une terre où le brouillard perce le présent
    Où les senteurs de la nuit effacent les regards
    Je viens de là où il n'y a pas de pays

    Rien que les phares du souvenir
    La rencontre de l'envie et de la réalité

Tu es le leurre de tous mes désirs
Tu me berces au sérail de mes terreurs
Il y a de l'agonie à m'entendre rire
Il y a si peu de noirceur à te regarder

Tu penses comme le cristal et le soleil
Tu souffres si près de mes envies
Il n'y a qu'un seuil de terre écrasée
Il n'y a rien à chercher

      Je viens d'une terre où le brouillard enracine le présent
      Où les senteurs de la nuit offensent les regards
      Je viens de là où il n'y a plus de langueur

      Rien que les phares du souvenir
      La rencontre de l'envie et de la réalité

Mais s'il faut croire que les retours n'existent pas
Je penserai trop fort à ces cycles perdus
Où la poigne d'un instant crache aux yeux du néant

      Rien que les phares du souvenir
      La rencontre de l'envie... et de la réalité

A quelle heure le train pour demain ?

Les murs sont d'un blanc de crème. Mes souvenirs sont un amalgame de cette crème et d'un tas d'autres choses particulièrement étrangères à l'heure qu'il est. Le goût amer de cette vomissure qui revient périodiquement. Aucune notion de temps, simplement la marée du vomi qui me persécute à heure fixe. Mes yeux happent le silence sur des ailes d'argent chevillant mes clavicules sur un truc dur. Je suis vraiment mal en point. Le pire, c'est que je n'y comprends rien. Au hasard d'un regard ouvert, une ombre et son corps apparaissent dans la brume et se retirent aussi sec. Tiens, une idée ! C'est quoi une idée ? Réfléchir ! C'est quoi ? Je décide que c'est ça. Un vent froid me parcourt en tous sens. Je mesure une éternité, mais je ressens des limites dans tous les coins. Je suis secoué de l'intérieur, et évidemment je vomis. Curieusement, je ne sens ni le goût, ni les senteurs de la chose. J'ai même la bouche sèche. Mais, bon dieu, où suis-je tombé ? Le mouvement, un corps, une ombre, mais plus proche, plus présent. J'entends,..., j'entends, merde. J'avais oublié quel effet cela faisait. A vrai dire, c'est plutôt bizarre. Une suite de sons essayant de me percer l'oreille jusqu'à l'affolement. Un changement ! L'ombre et le corps ne font plus qu'un. Plusieurs ombres, plusieurs corps. Ce qui réveille en moi un vieux réflexe : les mathématiques. Combien de corps pour combien d'ombres. Faut-il diviser, additionner ? Et merde, je m'en fous, je bouge ! Gerbe City, ton habitant chéri prend le large. Bon sang, que ça fait mal de se réveiller. Mais au moins, cela implique des choses. JE ME RÉVEILLE ! Je m'imagine le susurrer : « il se réveille… ». Non pas il, je. A moins que. L'ombre corps ! Oui, c'est ça ! L'ombre corps a parlé. Je l'ai même entendu. Ah, Dieu bénisse les ombres corps. Pourquoi, je n'en sais rien. Bon, ce n'est pas tout , mais cela remue dur autour de moi. Des gens ombres corps sont là à me regarder. Je pense qu'une simplification ne peut me porter préjudice. Je vais les appeler des corps, non, des gens. Oui, c'est bien, des gens. Je suis entouré par des gens qui me touchent. Eh, faut pas vous gêner. Ma tête se relève. Je crains le pire. C'est encore pire. Tout tourne et s'arrête d'un coup. Là, c'est dur. Le temps, pourquoi le temps ? Parce que comme notion abstraite, il fait fort. Je ne sais ce qu'il recouvre. Et pourtant, un impérieux besoin, comme si tout en dépendait. Mes neurones embrayent la première. J'essaie de débrayer. Non, pas maintenant. L'acidité dans la gorge…

* * *

Je rouvre les yeux. Deuxième essai. J'ai peur ; mais curieusement, les choses, moi y compris, semblent tenir leur place plus tangiblement. Je sens mes doigts, ils ne sont pas seuls. Un gen les a posé dans ses mains et leur fait des trucs étranges. Vas-y que je te les tords, que je les plie, les déplie, les retords, les replie, les pliplis, les totors. Mais, c'est quoi ce bordel ?

— Sachez que ce n'est pas un bordel. Ici, c'est un hôpital, … bordel !

Qui a parlé, qui a dit bordel ? Viens ici que je t'embrasse.

***

Je commence à m'habituer aux gens. A force de me mettre des tuyaux partout, d'en retirer, d'en rajouter, je les connais tous. D'ailleurs, c'est marrant, on les croirait de la même famille. Un air de ressemblance sans avoir l'air d'y toucher. Ils me parlent tous, me disent des choses gentilles, mais ne veulent pas que je parle. C'est prématuré, pensent-ils. J'ai aperçu mon reflet dans un miroir. Je ferai plutôt dans le genre dénaturé. Mais je me sens uni, contrairement à mes réveils précédents. Être d'un seul bloc, ça le fait.

***

Elle m'a dit que si je voulais l'appeler maman, cela ne lui posait aucun problème. Moi, je me suis dit qu'elle était cinglée. Mais au moins, elle me sourit en me nettoyant.

Il m'a dit que si je voulais l'appeler papa, cela ne lui posait aucun problème. Moi, je me suis dit qu'il était cinglé. Mais au moins, il me sourit en me nettoyant.

Ce matin, j'ai pris mon premier repas. Un tube relié directement à l'estomac. C'est bon mais c'est chaud. Je n'ai pas laissé de pourboire.

Petit à petit, je renais. Désolé, mais c'est l'exacte impression que j'en ai. Je suis parvenu à remuer mes doigts de pied tout seul. Bientôt, ils m'ont dit que je me lèverai.

J'aime les voir tourner autour de moi comme des gens qui tournent autour de moi.

***

J'ai fait 3 fois le tour de la chambre, je ne suis tombé que 17 fois. En positivant, je dirai que je connais mieux le sol que le plafond. Les gens m'encouragent. Je ne vomis plus que de manière aléatoire, en fonction des aliments nouveaux dont ils me nourrissent. Je pense que c'est le régime hôpital, car j'ai du mal à reconnaître les goûts. Il n'y a presque plus de tuyaux, câbles, seringues, perfusions qui me traversent de part en part. Je peux presque aller aux toilettes tout seul.

***

Beaucoup de gens. Avec toujours cet air de famille que je ne m'explique pas et dont, je l'avoue, je n'ai pas grand-chose à faire. Par contre, cet air de sérieux que je ne leur connais pas. Ils me disent qu'aujourd'hui est un grand jour. Pourquoi, je n'en sais rien. Ils sont tous assis en cercle autour de moi. Le gen papa prend la parole :

— Vous voilà de retour parmi nous, vos progrès ont été stupéfiants.

— Merci.

— Je ne sais comment vous demander,…Vous souvenez-vous de quelque chose ? Je veux dire,… d'avant votre réveil.

Leurs regards me scrutent avec avidité. Ils ne vont quand même pas me bouffer.

— A première vue, peut-être que…

J'essaie de plonger dans ce qui doit être le, pardon, mon passé. Mais à ma grande honte et un peu de désarroi, ben…Rien !

La gen maman se rapproche, plonge son regard dans le mien.

— Je vais vous faire un bref résumé de votre présence ici.

Sa voix a quelque chose de plaintif, doublé d'espoir. Néanmoins, je sens poindre un soupçon d'inquiétude.

— Vous venez de sortir d'un coma profond qui a duré…16.

Je décide de la jouer « je m'attends à tout »

— 16 heures ?

Leurs yeux me répondent par la négative.

— 16 jours ?

Même réponse.

— 16 semaines,…16 ans ?

Maman me prend la main et reprend la parole dans la foulée.

— 16…millions d'années.

Aussi sec, je ne la joue plus. Deux faits curieux s'imposent d'eux-mêmes. D'abord, je les crois. Ensuite, je ne peux m'empêcher de penser à la facture d'électricité que ça a dû coûter. Puis la réalité me rattrape.

Des années, cela veut dire quelque chose. Des millions d'années ! C'est quoi, ce bordel.

Et si je gerbais un coup, histoire de mettre l'ambiance. Mais ce qui me descend sur le visage sans que je m'en aperçoive, ce sont des larmes. Je chiale tout ce que je peux. Merde, merde et merde ! 16 millions d'années ! Qu'est-ce que je fous là ?

Ils se sont rapprochés de moi. Je ne veux plus les voir, je ferme les yeux. Ma poitrine contient quelque chose d'énorme, comme des milliers de siècles de frustration.

Dormir, je veux dormir, oublier, retourner dans ce bienheureux coma, ne plus rien sentir.

Et le mot qui hurle dans ma tête trouve enfin le chemin de la sortie, déchire mes lèvres barbelées.

— SEUL.

* * *

L'appartement qu'ils m'ont donné est plutôt sympa. L'effort a été fait pour que je me sente chez moi. On dirait une image d'Epinal devenue réalité. Ou plus exactement des photos d'archives ayant survécu à 12 cataclysmes planétaires. Ils m'ont fait entrer tout sourire. J'ai failli hurler de rire et d'horreur. J'ai simplement dit merci. Leur volonté de me faire plaisir était si visible que je n'ai pas eu le cœur de la briser. Néanmoins, j'ai négocié afin que le lit ne penche plus sur la gauche de 13°72, argumentant sur l'efficacité de l'horizontalité pour se reposer.

— L'horizontalité, mais ça n'existe plus ce truc là.

J'ai quand même eu gain de cause et me suis accommodé des rangements sur coussin d'air, de la cuisine à air compensé, de la salle de bain à eau savonneuse, du hall d'entrée avec wc incorporé, etc, etc…

***

Depuis combien de temps suis-je réveillé ? J'avoue que je n'en ai qu'une idée approximative. A vrai dire, je m'en fous. J'ai appris à me méfier du temps. Et comme dit le vieux proverbe : « Chat échaudé se méfie du million d'années qui lui passe dans le dos. »

Ma nouvelle vie suit un rythme de convalescence avancée. Tous les jours, j'ai la visite de gen maman et de gen papa. Ils gèrent ma guérison, surveillant ma température, ma tension, ma surtension, et un tas d'autres trucs aux noms bizarres. La médecine n'a pas évolué dans la clarté.

Je leur demande quand je pourrais sortir et respirer l'air du dehors.

Ils échangent un regard, et je n'ai plus envie de poser la question. Ce qui me fait réagir à une chose qui manque à mon appartement. Il n'y a pas de fenêtre.

* * *

Je suis prêt ! Aujourd'hui, je pars en visite. Maman et papa passent me prendre. Je les imagine bien avec une poussette d'enfant pour me garer à l'intérieur. Me souvenant brusquement de mon lit à 13°72, je suis heureux de les voir entrer les mains vides.

Nous suivons de nombreux couloirs et mes yeux dévorent tout ce qui passe à portée. L'éclairage sans source visible, semblant une émanation des parois. Des ouvertures que l'on croise, s'ouvrant sur des myriades de mystères. D'autres gens me saluant avec tendresse. Pourquoi tendresse ? L'absence d'angles vifs ; tout est courbe, agréable aux sens, reposant à l'esprit.

Je commence à fatiguer. L'effet de l'adrénaline s'est estompé et une pause est bienvenue. Maman et papa me fixent de ce regard si identique qu'il finit par troubler.

— Comment te sens-tu ?

Et oui, maintenant, on se tutoie.

— Comme un poisson dans l'eau qui réapprend à nager. A vrai dire, c'est crevant !

— T'inquiète pas, on est bientôt arrivé.

* * *

La baie vitrée est faite d'une substance étrange au toucher. A la fois souple et dure, les yeux semblent y être attirés sans aucun artifice. Je ne peux m'empêcher d'y poser les mains, d'explorer cette entité qui me sépare de l'extérieur. Cela pourrait être poétique, j'ai tout simplement la trouille de regarder.

Maman et papa se tiennent légèrement en retrait, sachant que ce moment m'appartient.

Allez, on se lance, je ne me suis pas payé 16 millions d'années pour rien. J'ouvre les yeux.

Du noir ! Non, pardon, du sombre. Tout est sombre. Une collection de grisés qui tend vers le noir absolu. Sans m'en apercevoir, je me suis reculé. Je sens la main de Papa sur mon épaule, une façon de dire « Courage, regarde encore. ». Je me rapproche. Contrairement à la première fois, je laisse mon regard s'imprégner de l'extérieur. Toujours du sombre, mais différent. Des choses plus foncées dans les coins, brumeuses par-ci, impénétrables par-là. Des choses qui me semblent être des bâtiments, émergeant d'une marée de brouillard. Des choses au loin, mystères ! Et par-dessus tout, ce manque de visibilité. Évidemment ! Les réflexes ne sont plus ce qu'ils étaient. C'est la nuit. Pourquoi ? Je veux dire pourquoi la nuit. On aurait très bien pu attendre le matin.

Je me retourne.

— C'est obligé de voir ça la nuit. Je pense que ce serait plus sympa le jour.

Leurs regards me percutent de plein fouet.

Maman se rapproche.

— C'est le jour.

Je me rappelle subitement les vieux flippers de mon adolescence. Aucun doute, j'ai fait tilt.

Papa s'est rapproché également.

— Autant tout te dire maintenant. Assieds-toi, c'est un peu long.

Nous nous installons sur des sortes de canapés qui ne font qu'un avec nos corps. J'ai soudain l'impression que ce que je vais entendre va être inversement proportionnel d'avec le confort de nos séants.

C'est maman qui reprend la parole.

— Depuis ton époque, il s'est passé des tas de choses. Des biens et des moins biens…et puis des pas biens du tout. Tous les rêves que vous avez échafaudés, jusqu'aux plus fous, se sont vus réalisés. Le voyage dans le temps, vers d'autres galaxies, la guérison de pratiquement toutes les maladies, l'infiniment petit, l'infiniment grand, les dimensions parallèles et même les obliques (elles existent), jusqu'à la visite touristique d'un trou noir aller-retour.

— Et évidemment, j'ai tout raté.

— T'inquiètes pas

Le son et la cadence de sa voix ayant chuté sur ces derniers mots, je ressens une pression indéfinissable et pas nécessairement agréable. Je me contente de fixer leur regard.

Ce coup-ci, c'est papa qui s'y colle.

— Tu dois te dire qu'en 16 millions d'années, on a pu en faire des trucs. A vrai dire, à part les balivernes que tu connais, guerres, génocides et j'en passe, on a passé quelques millions d'années assez tranquilles. Cependant, doués comme l'on est pour foutre le bordel...Enfin, je ne vais pas énumérer. La situation actuelle te suffira. Nous avons détruit toutes les planètes du système solaire et réussi a bousillé le soleil. Depuis, il fait noir et on se les gèle.

A voir leurs regards, j'ai l'impression d'être le professeur chargé de réprimander deux étudiants venant de faire sauter le labo de chimie.

— J'ai du mal à y voir clair...

Je me reprends aussitôt, pas mécontent de ne pas avoir trop perdu la main.

— Excusez le jeu de mots involontaire. Mais je pense qu'il est grand temps de poser la question.

Maman sourit.

— Qu'est-ce que tu viens faire là-dedans ?

— Exactement.

— Approche-toi.

Nous nous retrouvons de nouveau face à la vitre. Je regarde mieux. Il y a du mouvement. Comment dire ? Un déplacement d'ombres, furtif, éphémère. Des masses qui se traînent, s'allongent et se replient.

— Il n'y a pas moyen de mieux voir ?

— Nous attendions que tu le demandes.

Soudainement, la scène semble jaillir, se percute, se retrouve, et finit par s'immobiliser. Comme je ne suis pas irrémédiablement stupide, et encore moins irrémédiable, je soupçonne fort le truc planqué sous roche. D'autant plus que leur mise en scène est un peu caricaturale. Je me concentre sur la scène maintenant éclairée. Et je ne peux m'empêcher de reculer. Aucune main ne se pose sur mon épaule. Et je comprends que la soi-disant mise en scène n'en est pas une. Devant mes yeux, je les vois, drapés dans leur monstruosité d'existence. Masses informes se traînant, comme voulant s'enfoncer sous terre. Inévitablement, je cherche leurs yeux, les trouve et ne peux retenir plus longtemps cette envie de vomir. Je devais arriver seul, avec mes tripes, avec mon corps. Mon corps qui n'a plus rien à voir avec ce qui rampe dans ce purin que l'humanité a légué. Car, en moi, au fin fond de l'horreur, ce que nous, et j'insiste sur NOUS, sommes devenus. Vers immondes issus de la mascarade des siècles. Leurs mouvements sont lents, comme effacés. Mais, cela ne suffit pas. Doucement, je me sens devenir le vecteur de leurs regards. Une accroche sur mon esprit, un pas vers mon âme. Je suis à genoux, presque à demander pardon. Je pleure, je gerbe, je suis leur enfer. Mourir, par pitié !

Et toutes les lumières n'en font qu'une.
Noire !

* * *

Si j'ignorais le nombre de liquides se baladant dans mon corps, aujourd'hui, je suis fixé. Le nombre d'éprouvettes perchées sur toutes les étagères l'atteste. Et voilà pas que je te perce, que je te pompe, que j'extraie, que je vampirise, que je te troue, t'éponge, te vide pour mieux me remplir de trucs sensés dévoiler le moindre de mes secrets. Maman et papa m'ont fait venir jusque dans leur labo. Parait qu'ils ont trouvé. Je suis bon à être dupliqué.

C'est maman qui m'annonce la bonne nouvelle.

— Je pense que tu te doutes de ce qui se passe. Nous devons te remercier je ne sais comment. Grâce à toi, une nouvelle piste se dessine. Nous ne faisons qu'espérer, mais cela fait tellement longtemps que l'espoir nous manquait.

Leurs sourires me font du bien. Mais une question me taraude depuis un bout de temps. Et tant pis si je connais déjà la réponse.

— Il y a un truc que je me demande. Et, désolé, je n'ai jamais eu le courage de vous en parler. Vous êtes...enfin, vous êtes…

— Comme toi, bien sûr, et tu te doutes bien de ce que cela implique. Évidemment, tu vois notre physique comme tu appréhendes le tien. Cela nous demande beaucoup d'énergie. Et comme tu l'as remarqué, il existe entre nous plus qu'un lien de ressemblance. C'est le maximum auquel nous étions arrivé. Chaque fois que l'on se présentait à toi, c'était pour nous comme une victoire sur la destinée. Nous étions semblables. L'impression de tendre la main au-dessus de millions d'années. Je n'ose parler de lumière dans le lointain, car je crève de peur quand je pense à l'avenir. On en a bousillé tellement. Et, bien sûr, dès que l'on te quittait, l'on reprenait notre aspect véritable. Tu nous as peut-être aperçu à l'extérieur. C'en est presque comique. Nous espérons que ces confidences ne t'ont pas dérouté. Comment te dire que tu es comme la vision perdue du soleil. Que ce que tu nous apportes portera des fruits,...des vrais.

J'ai l'impression. Non, je ne me trompe pas, c'est une larme qui crée cette ombre sur sa joue. Je m'approche, la prend dans mes bras, la serre fort et dépose un baiser sur ses yeux.

* * *

Ce doit être le soir, enfin cette illusion que l'on continue à appeler ainsi. Comme d'habitude, je me dirige vers la pierre que j'utilise comme banc. Certaines ou certains, je n'arrive décidément pas à faire la différence, sont déjà installés. Mon arrivée crée un déplacement d'atmosphère telle une houle subtile. J'attends le moment. Et cette attente est pour moi l'instant magique. Entre eux et moi, la connexion se fait immédiatement. Une pause dans le miroir. Car en définitive, nous sommes de la même engeance. De celle des sourires manqués, des serments en trompe l'œil, des insomnies rédhibitoires. Mais aussi de celle qui attend simplement une flamme, si petite soit-elle. De celle qu'un souffle de mots rend heureuse. Mon regard se perd sur la foule rassemblée. A chaque fois, les corps remuent une dernière fois, puis s'immobilisent pour mieux entendre.

C'est devenu un rendez-vous incontournable. Ils aiment tant écouter nos histoires.

Je n'ai plus qu'à prendre ma respiration en les saluant des yeux.

Je sens leur regard se poser sur mes mots.

Je commence :

« Il était une fois... »

Consanguinité temporelle

Comme une ouverture sur le papier
Un reflet à peine ressenti
Une énergie de l'oubli
Vouloir agripper le néant
Une vague qui recouvre les mémoires
Vampire de toutes nos vies
Vibre le silence, langage intemporel

Je meurs et j'existe
Simple reflet d'une brûlure inconnue
Je plonge et je vis
Et je renais... incertitude

L'ombre de la brume n'est plus un fardeau
Chaque pierre du chemin
Les sables se font douceurs
il n'y a pas de vent sur tant d'années
Les marées dénudent mes sensations

Je meurs et j'existe
Simple reflet d'une brûlure inconnue
Je suis l'avant, je suis l'après
Et je renais... incertitude

Les mystères s'étirent
Poussières et filaments de brume
Tout se brouille et se retire
Ne reste que la boue des visages

Les mains souillées de nos souffles perdus

Où sont les instants magiques ?

Je meurs et j'existe
Triste reflet d'une brûlure inconnue
Je ne suis plus avant, je ne suis plus après
Et je renais...Encore

Mais on vient d'où, bordel ?

Cette histoire n'est pas réelle. Elle est inventée de toutes pièces.
Néanmoins, il est toujours possible de la croire véridique.
Je crois que l'on appelle cela :
La vie…Ou quelque chose d'approchant.

Date : jour, mois, année

Dans la cour, deux gamins discutent.

— T'as écouté la télé hier soir ?
— Ouais ! Tu te rends compte la connerie !
— Sûr ! Où est-ce qu'ils vont inventer tout ça ?
— Sais pas. Mais ça tient même pas debout, même en rêve.
— Des animaux gigantesques, et puis quoi encore !
— Et t'as vu la gueule ? Même bourré, on peut pas dessiner des trucs pareils.
— Il paraît aussi que des études sérieuses seraient entreprises en ce moment.
— N'importe quoi ! Et comme dirait mon père, c'est avec notre pognon.
— Des machins qui pèsent des tonnes et des tonnes. Tu te rends compte du bordel quand ils se déplacent.
— Ils auraient bousillé la planète rien qu'en pétant.
— Ils ont même dit que les gros bouffaient les petits. Tu parles si ça devait puer le courage ?

— Ouais. Et comment ils seraient arrivés ? Leur histoire d'évolution, elle tient pas la route. On part d'un petit machin et on se retrouve avec des monstres pas possibles.
— Et puis, y a un mec qui a dit qu'ils auraient vécu des millions d'années. Et on s'en serait pas aperçu. Ils nous prennent vraiment pour des cons.
— Et tu sais la meilleure. Y en aurait aussi dans les océans, avec des dents comme ça. Et d'autres, accroche-toi, qui sauraient voler.
— Le merdier total.
— Et leur disparition, écoute.
— Ouais.
— Il paraît qu'un gros machin leur serait tombé sur la gueule. Et paf, terminé !
— C'est bien pratique les gros machins.
— Sûr !
— Et ils racontent même qu'ils se sont fait cramer, qu'ils avaient plus rien à bouffer, et que si ça suffisait pas, ils se sont fait geler les miches.
— C'est sûr, on leur en voulait.
— Et à quoi ça leur sert de nous balancer un truc pareil ? Ils n'ont pas lu les bouquins d'histoire ?
— Faut croire que non.
— Pourtant, tout le monde le sait. Ce sont les reptiliens qui nous ont créés. Et ça fait un bon bout de temps qu'on est au courant.
— Ouais, c'est quand même plus humain que leur théorie de bébêtes à moustaches.
— C'est quand même tout simple. Ils sont venus sur terre il y a longtemps. Ils nous ont ensemencés, et voilà, on est là ! ça leur suffit pas ?
— Va savoir ce qui leur passe dans la tête.

— Et ça s'appelle comment déjà, leurs trucs ? Les binophores, les xinopores ?
— Les dinozores, je crois.
— Ouais, c'est ça, ... les dinozores.
— N'importe quoi !!!

Coule la pluie

Coule la pluie en un lent frisson
Qui fait si peur aux gens d'ailleurs

Le long de mes pas fanés
Dans cette nuit trouble
Mon souffle s'enrobe de lumière
Mes mains se parent de mon cri

Le sens de l'histoire s'émeut
Dans le mystère de ces yeux
Tout étincelés de brume
La bruine sème ses secrets

      Coule la pluie en ce lent frisson
          Qui fait si rares les gens d'ailleurs

Respire les ornières de sable
Les eaux sont un passage
A travers le temps d'avant
Et les mirages de l'après

C'est un paysage à prix d'ami
Un message au réveil de mes sens
Une tentation interne de l'intime
Brasier au lent sommeil

      Coule la pluie en un lent frisson
          Qui endort et rêve les gens d'ailleurs

Coule la pluie sur un songe
Coule la pluie sur un nom

Délit d'existence

Je suis toujours en attente d'une réponse
Dès que les cieux ont chassé l'horizon
Comme un parchemin perclus de sommeil
D'une phrase peut renaître la question

Je chante la moitié de moi-même
Je me déchire sur un miroir calciné
Les ombres ont broyé les strates de l'arrogance
Je vomis les viscères de tous les mystères

Je connais les méandres de mes silences
Je rampe sur des arabesques de sable
Les nuages peuplent le fond de mes yeux
Les étoiles n'ont d'histoires
Que celles que je respire

Les vagues ont déposé leurs regrets en consigne
Des couleurs m'appellent si loin de moi-même
Je m'en remets à des prières de glace
Et les temps se relèvent

Au confluent du marché noir et du rêve

Marie,…juste Marie

Marie-Elyse était on ne peut plus satisfaite de sa journée. Crevée, lessivée, mais nom d'un chien, ça avait été une fichue bonne idée. A peine rentrée chez elle, elle se précipita, à son allure de vieille dame encore assez jeune, vers le fauteuil. Elle se reprit juste à temps et se dirigea vers la salle de bain. Elle était certaine qu'à peine assise, elle se serait endormie. Une bonne douche d'abord, et après…fauteuil.

Rafraîchie, peignée et toute courbaturée, Marie-Elyse se remémora les dernières heures. Elles étaient cinq à ne plus s'être amusées comme cela depuis…depuis…un sacré moment. Elle ne se souvenait plus sous quel crâne l'idée avait germée. Qu'il soit béni.

Elle soupira d'aise et se souvint, c'était lors de la soirée organisée chez Marine. Elles passaient en revue les bienfaits et joies de l'enfance quand Bénédicte s'était soudain levée en envoyant valser les biscuits qu'elle tenait sur les genoux.

— J'ai trouvé, hurla-t-elle, on va s'organiser un après-midi MARELLE, comme au bon vieux temps.

Toutes les objections : trop vieilles, on sera ridicules, je ne sais plus sauter, j'ai mal aux pieds, etc… furent évacuées et noyées dans un espèce de délire post-juvénile de bon aloi.

Et ce fut tout simplement fantastique.

***

Le papier dans une main, l'autre se massant le cuir chevelu, elle essayait vainement de se rappeler comment cette coupure de presse lui était arrivée dans la poche.

Oh, et puis, quelle importance ?

Elle relit le texte encore une fois, se dit que c'était une blague ou une arnaque publicitaire, décida de faire une sieste, et se rua sur le téléphone.

Elle avait décidé de laisser sonner cinq fois avant de raccrocher. Ce fut à la huitième qu'une voix masculine lui répondit :

— Allo, bonjour, à qui ai-je l'honneur ?

Tu ne crois quand même pas que je vais te donner mon nom comme ça.

— Bonjour, je vous téléphone au sujet de l'annonce. Tout d'abord, laissez moi vous dire que je trouve choquant d'abuser ainsi de vieilles personnes en leur faisant miroiter ce que…vous leur faites miroiter.

— Il n'y a pas que de vieilles personnes parmi notre clientèle.

La réponse la prend de court. Un temps de silence. La voix reprend :

— Notre service s'adresse à toutes personnes désireuses de retrouver soit un temps, soit un être cher, soit ce qu'elle recherche.

Le ton est calme, posé. Elle a voulu la jouer rentre dedans. Erreur ! En y réfléchissant un peu, c'est évident. Ce qu'il propose est sujet à caution. Il doit avoir l'habitude de ce genre de réaction.

Qu'est-ce que ça coûte de jouer franc jeu.

— D'accord, excusez-moi. Mais c'est tellement… inhabituel.

— Je sais. Voulez-vous de plus amples informations ?

— Oui.

— Alors, vous vous doutez bien que notre produit ne se trouve pas au supermarché du coin. Et surtout, je tiens à ce que ce soit on ne peut plus clair, notre service est tout à fait légal. Nous vous donnons même l'option d'être remboursée au double si vous n'êtes pas satisfaite. Donc, vous n'êtes pas sans savoir que l'humanité a le désir immuable de se retourner sur elle-même pour, disons, faire le point. Retourner en ses endroits magiques que l'âge confère à nos plus beaux souvenirs. Est-ce un crime ou est-ce mal de vouloir en refaire l'expérience ? Nous ne voulons pas entrer dans ce genre de débat. Nous vous offrons la perle rare. Nos retours d'expériences nous font dire que c'est sans danger ni conséquence négative. Qu'en pensez-vous, et surtout, que désirez-vous ?

Curieusement, une ombre passa devant les yeux de Marie-Elyse. Elle dut inspirer à plusieurs reprises avant de comprendre qu'elle était piégée. Si elle refusait maintenant, elle n'aurait pas le courage de récidiver. C'était comme quelque chose au fond de son ventre, une fleur vivifiante et si fragile, un échappatoire à demain, une boucle serrée sur un nœud d'immortelles. Mais qui pouvait s'effilocher au moindre souffle d'air. Non, elle le savait telle qu'en elle-même. C'était maintenant ou jamais.

— Je suis d'accord !

Les mots s'échappaient de sa gorge, ailes de liberté retrouvée, éclaboussures d'arcs en ciel.

Elle entendit à peine la réponse.

— Nous vous remercions de votre confiance et vous souhaitons le sourire.

***

Une simple fiole. Petit récipient sans étiquette, corps souple à la douceur câline. Du bout des doigts, elle dialoguait, suggérait. Et le verre au creux de sa main lui répondait, animal satiné, animé de cette vie intime que seules possèdent les âmes défroissées. Un peu du silence qui s'étend, se replie et se projette dans l'océan. Marie était aux anges, mêlant passé et présent en un souffle limpide. Elle le tournait entre ses doigts. Le liquide semblait ambré avec des reflets de soleil couchant. Le silence de sa vieille maison l'enveloppait tel un linceul, mais un linceul d'espoir. Un sourire empreint d'une nouvelle jeunesse illuminait son visage.

C'était curieux, mais maintenant, rien ne pressait.

Il suffirait d'un instant, et tout basculerait. Des décennies se bousculeraient au portillon. Les cieux retrouveraient leur limpidité.

***

Mais, pour l'instant, le thé qui lui brûle la langue suffit à son bonheur. Une parenthèse de tous les jours. Un arrêt son et image. Une langueur d'infini dans une tiédeur du passé.

Cependant, elle sait que le moment approche, sent implicitement qu'il sera unique. Si le train passe, il faut le conjuguer au passé. Et cela, Marie n'en veut pas.

Le grand jour, au petit matin, comme un adieu, une cicatrice qui se referme. Marie-Elyse respire à coups brefs. Elle se sait angoissée, mais qui ne le serait pas ? La journée s'annonce belle. Non, resplendissante ! De bon augure.

Elle a décidé que ce serait à 10 heures. Choix arbitraire s'il en est, mais sécurisant dans les limites de cette petite pointe qu'elle ressent au fond d'elle-même. Oh, pas bien grave. Normal, au vu des circonstances. Mais, présente depuis quelques jours, depuis qu'elle s'était réellement décidée. En fin de compte, elle crève de trouille.

***

La première goutte a un goût acide, quelque chose entre le citron et le pamplemousse. La seconde lui fait l'effet d'une brassée d'herbes sèches. La troisième lui ferme les yeux. La suite est un plongeon kaléidoscopique dans le néant. Les autres…elle ne s'en souvient pas.

Peut-on appeler cela une remontée dans le temps, ou une descente dans les abysses ? Aucune importance. Les jours escaladent les nuits à reculons. En noir et blanc au début, les images, et même les sons, se reflètent en couleurs au sein d'un univers vertigineux.

Marie-Elyse a 70 ans. Ou du moins, c'est ce qu'elle ressent ; son corps lui fait savoir que 15 ans supplémentaires peuvent faire la différence. 58 ans et de nouveau toutes ses dents. Marrant comme certain détails prennent le pas sur le reste. 45 ans et son vélo qu'elle enfourchait comme un défi aux années. Elle observe tout cela de l'intérieur et étrangement de l'extérieur. Double entité vivante et se ressentant « existée ». Une ombre qui file dans la nuit. 32 sur un soleil resplendissant, son voyage en Afrique où l'espace et le temps s'illuminent mutuellement. 27, mariée depuis peu, heureuse. Un éclair se fortifie et devient chemin, toujours et encore. 23 ans, la fin des études, son premier boulot. Que c'est bon ! Tout autour d'elle, des lumières s'accrochent comme autant de rendez-vous tacites. Soudain, elle se sent fatiguée. Elle a besoin d'une pause, d'un arrêt sur image. Et elle se rend compte que c'est facile. Les images se fragmentent en étincelles de temps. Le silence, tel un ciment, vient sceller une immobilité bienfaisante.

Ce que Marie ressent, elle a bien du mal à se le définir. Cela tient d'un calme surnaturel et d'une excitation de tout son être. Funambule sur son fil, elle gère la beauté de l'équilibre, l'infinitude de l'instant. Une pause au beau milieu de l'irréel. Une image s'impose. Elle est tel le plongeur qui savoure, ou anticipe de peur, le dernier élan. Elle sait qu'elle ne peut attendre indéfiniment. Lentement, subjectivement, elle lâche la bride au temps.

De nouveau, elle se sent saisie par une nouvelle gravité. Les images renaissent à la vie, les sensations re-pénètrent sa peau.

20 ans. Le plus bel âge, dit-on.

19, 18, 17. Marie se met à croire aux miracles. Non, le miracle, c'est elle. Toute modestie disparue. Mais elle se ressent messagère, véhicule de cette chose qui la choisit.

Les années lycée, les années collège. Le temps où le temps n'est pas qu'une vieille chiffe molle qui se vend au plus offrant.

Le bout du voyage est proche maintenant. Une petite dizaine d'années. Rien qu'un silence dans une vie humaine, pour une valeur immuable. Rien qu'une journée ensoleillée de fin d'hiver, où la nature lui fit cadeau d'une part irraisonnée de beauté. L'espace fugace entre le silence et l'infini. Le moment qui se suffit à lui-même, faisant exploser le piège de la raison, illuminant le présent. C'est cet instant que Marie va retrouver.

Les années défilent comme les lampions d'une fête foraine. Son enfance et ses senteurs d'éphémère lui chatouillent les sens. Elle arrive, elle arrive !

***

Il se passe quelque chose. D'abord, elle a pensé qu'elle ralentirait, que l'arrivée se ferait en douceur. Mais elle s'est vu précipitée au-delà de son choix. Marie s'aperçoit à quel point elle avait idéalisé le terme du voyage. C'est tout juste si elle ne cherchait pas le tapis rouge. N'empêche, il se passe quelque chose de pas normal. Elle voit son sixième anniversaire se profiler, alors que l'arrêt était prévu un peu après ses sept ans.

Une nouvelle pause est indiquée. Elle se concentre. Une fois, deux fois. Rien ! Elle essaie de nouveau. Aucun résultat.

Bon, il faut réfléchir. Peut-être qu'elle a un peu forcé la dose. Une goutte par ci, une goutte par là, on a vite fait de se tromper. Mais comme elle a fait bien attention, l'erreur ne peut être que minime. Elle va tout simplement bientôt s'immobiliser. Et même, cela redonne à l'affaire un parfum de suspense.

Marie respire un bon coup. Elle reprend du poil de la bête; de la vieille, bien sûr.

Cependant, et comme pour gâcher la fête alors qu'on ne lui a rien demandé, une gêne obscure s'insinue entre les neurones, à la recherche de l'endroit idéal pour mieux surgir.

Maintenant, elle est âgée de 4 ans. Petite fille à peine reconnaissable. Ses pas distribuent le temps à l'envers. Elle approche du moment où l'on ne compte plus en années, mais en mois. Ce raccourci qui nous éloigne encore plus du tombeau. Marie bondit. C'est quoi cette réflexion ? Et pourquoi gêne et réflexion ont l'air d'aller si bien ensemble ? Et pourquoi ? Et pourquoi, …merde !

Le paysage a un côté limpide. Sinusoïde dorée d'une aube universelle. Elle voit défiler les jours, les nuits, ce qui vit sans bruit entre les deux. 3 ans,…2 ans, courant en tous sens à travers la maison. Ses premiers pas, en contre point de la joie de ses parents. Ses photos qui ruissellent. Oui, ce sont bien eux , semblant si jeunes, d'une époque passée. Oui, passée. Et cette réflexion la remet sur les rails. Elle n'a que quelques mois, couchée dans son si petit lit, donnant l'impression de regarder au-delà. Mais au-delà de quoi, Marie ? De cette peur qui te pénètre, violant chaque pore de ta peau. De cette chose immonde, qui ne te demande pas ton avis, et qui explore le dedans des gens et des choses.

Dis, Marie. Qui es-tu ? Que fais-tu ?

Regarde, petite, toute petite Marie, regarde ! Les rayons du soleil couchant planent au-dessus de ton berceau, faisant de ton corps une alcôve de lumière. Écoute le chant du soir comme un doux raccourci dans tes souvenirs naissants. Regarde, Marie, imprime toi de ce qui t'entoure, ressens-toi.

Quelques mois, une poignée de jours. L'éphéméride des silences se fait insistance. Tes sens sont tous en alerte. Un train est lancé à grande vitesse. Qui es-tu, Marie, une voyageuse anonyme, ou cette puissante machine qui emmène …,qui emmène qui, Marie ?

Tu essaies de bouger. Les bras, les jambes, les doigts. C'est comme un rêve. Tout bouge et rien ne bouge. Il n'y a que le vent. Enfin, ce qui te fait penser au vent. Comme une corde pincée fait entendre un son né de ses entrailles. Tu imagines, Marie ? Et tu te rends compte que tout est désormais pâle et indistinct. Tu n'arrives plus à voir loin, mais tu sais quelque part que tout va bien.

Repos. Calme. Une petite voix s'insinue entre tes yeux. Il n'y a rien que tu puisses faire. Évidence en même temps que consolation. Évident comme la peur. Rassurant comme cette alcôve qui te tient si chaud. Mais qui s'éloigne à chaque seconde. Et tu ne te demandes plus où tu es. Tu le sais implicitement. Comment ce petit être-Marie peut-il l'oublier ? La question est : « Quand es-tu ? ». Tu ne peux que deviner. Quelques mois, quelques secondes, quelques heures ? Tout a l'air d'exploser autour de toi, de partir dans l'espace ; comme un élargissement programmé dont tu serais le centre, l'infinie certitude.

Oh Marie, que te dire ? Mais déjà je t'entends penser. Tu ne comprends plus. Tout paraissait pourtant si clair, si simple. Pourquoi est-ce qu'il faut que ça parte en vrille ?

Maintenant, une caverne. Un monde nouveau en pleine expansion. Marie ne voit rien au sens visuel du terme. C'est plus une sensation totale qui remplace tous les sens. Les mots n'ont plus leur signification d'antan. Mais la pensée est toujours vivante, les perceptions en sont changées, plus …propres.

Une notion de silence aussi immense que l'univers. Savoir où elle se trouve lui semble si naturel, si simple. Pourtant, Marie a froid à son avenir immédiat. Regarde Marie, ose regarder. Ce convoi millénaire qui file en travers du temps. Serais-tu libre, Marie ? Le sais-tu, le sens-tu ? Combien, combien ?

La caverne a explosée, est devenue univers.

Tu regardes, toute petite Marie. Tu regardes le tout début, avant même ce qu'ils imaginent le premier regard, bien avant l'émergence, si loin où là-bas, il y a Marie.

Marie, Marie. Tu le sens, c'est maintenant. Il te reste quelques secondes.

6. 5… Le monde est immense. Les cieux sont au-delà de toi.

Marie.

Petite Marie.

2…

Tu hurles, Marie, tu hurles.

Tu imploses de peur.

1…

Non… Pas avant… Pas av…

Dérapage sur effet mère

Nous sommes les fruits de son image
Les ombres issues de ses pas
Nous ne connaissions pas le vent
Il nous a fait mouvance
Nous gémissions aux silences
Les mers nous ont parlé
Les glaces se sont inclinées
Les fantômes ont côtoyé la chair
Il nous a montré
Nous avons rêvé le cœur des miroirs
Les marches étaient de satin
Son chant se faisait chemin
Nous apprenions les mains fermées
Le suivre devenait certitude
Nous grandissions sur nous-mêmes
Fiers de n'être que caricatures
Il avait transformé notre fatigue en festin
Les années nous ont changé
Les murs ne pouvaient nous masquer son ombre
Enfin, nous étions lui
Mascarade au-delà des illusions
Auras dénudées de nos terreurs
Nous voulions lui offrir...
Que tout respire son odeur
Que les animaux soient lui
Que les plantes
Que les pierres
Que la terre
Que les autres

Que nos certitudes illuminent son cœur
Que nos vies abreuvent son éternité
Nous tous ne sommes que lui
Tous nous lui devons…

Mais pourquoi nos doigts sont-ils paralysés ?
Pourquoi le néant doit-il s'abattre ?

Dieu s'est suicidé hier matin

Entre

Je rêve toujours entre deux eaux
Bercé dans le chatoiement des murmures
Apitoyé sur un regard sans attache
Éphémère d'un monde visage
Les flots ne sont que l'ombre des larmes
Rares quand sombrent les fleurs
Acajou expulsé du silence

Je rêve toujours entre deux eaux
Sans ramure ni message
Éclaté en voiles et nuages
Apesanteur sur tant de vertiges
Conscience et contraire
Seul et pourtant solitaire
Rejeté de ces forêts impalpables

Je me noie toujours entre deux eaux
Maquillé de vestiges et de soupirs
broyant sans répit des parchemins de brume
Je pense à ces visions ultimes
Où l'espace et le temps deviennent autres
où les maquillages se brûlent en sombres visages

Je me voie toujours entre deux eaux

A moins que je ne sois

Jeux de passe-passe, option trépasse

La vraie différence entre nous et le passé
Là où la barre a passé le songe du ridicule
Là où le fils de l'homo-sapiens se prend pour un homo-sa-y-pense
Est le fait unique dans l'histoire de l'humanité
...
Que tu tapes plus de mots de passe dans la journée
Que de fois où tu vas pisser dans la semaine

Parle plus fort

— Parle plus fort, il y a de la friture partout.

La communication dure encore cinq bonnes minutes, entrecoupée de toute la friture du monde.

Pour terminer, Miranda pose le téléphone et regarde Luc, assis à son bureau, la question au bord des yeux.

— Ils viennent de décoller. Elle s'est bourrée de cachets. Comme d'hab., on va la récupérer complètement stoned.

Luc soupire, mais ne peut s'empêcher de sourire.

— Et notre affaire ?

— Ça roule, le client est avec elle. Elle te lui a envoyé un repas bien bourratif, histoire de le faire dormir le temps du vol. Idéal quand on prend l'avion…

— Passe-moi les péripéties douteuses, le principal c'est que tout soit signé demain. C'est toujours la galère d'aller pêcher les clients au bout du monde.

— N'empêche que Sophie a des tripes, elle qui déteste l'avion.

Miranda désigne Luc du doigt.

— Pas de réflexions vaseuses, tu veux.

Pris en flagrant délit, celui-ci se plonge dans un dossier.

Et le téléphone sonne.

— Allo, oui…Coucou, te revoilà,…Bien sûr que ça va…On t'attend avec l'impatience due à l'enfant pro… Non, ne t'inquiète pas…Regarde un film, essaie de souffler un peu, on se revoit sous peu…Ok, salut.

La main encore levée d'avoir reposé le combiné. Miranda reprend le regard de Luc.

— Ça angoisse dur ?

— Et pas qu'un peu, j'ai l'impression. Je l'ai jamais sentie aussi…Enfin, je sais pas. C'est con ; j'ai envie de dire affolée.

— La fatigue, ses cachets. Je me demande si à la longue, ils ne produisent pas l'effet inverse. J'ai jamais été d'accord avec tous ces machins. Bon tu vas me dire, la voir arriver dans des états pas possibles, c'est pas le pied non plus. Qu'est-ce qu'elle t'a dit ?

— Ben, je sais pas trop. Rien de précis. Peut-être que vu l'ampleur du contrat qui est à la clef, elle se fait plus de mouron que d'habitude. En tous cas, c'est pas le vol habité le plus cool de l'histoire.

Luc décide d'aller chercher une pizza sur la place d'à-côté. Il est pratiquement midi.

Miranda se réfugie dans le courrier du jour. Elle se vante d'être un peu télépathe. Ça impressionne toujours la galerie. Mais d'entendre sans cesse des « Au secours ! Au secours » avec l'image de Sophie en surimpression…

***

L'après-midi se voile, en ce début d'automne, d'un quelque chose de factice, de fragile.

Le téléphone sonne.

Luc fait signe à Miranda qu'il prend.

— Allo, bonjour…Salut Sophie…

Dix minutes plus tard, et sans qu'il ait pu placer trois mots.

— Je sais pas si elle a abusé des cachetons, mais là, elle a passé au travers du miroir. Figure-toi qu'elle voit des choses tourbillonner autour de l'avion. Elle n'a pas réussi à les décrire autrement que par des choses floues tourbillonnantes. Le client, pas plus que les passagers ne semblent s'être aperçus de quoi que ce soit.

— Elle n'est vraiment pas dans son assiette. Elle atterrit dans combien de temps ?

Luc dévisage l'horloge accrochée au mur.

— Un peu moins de quatre heures.

— Elle n'a pas fini d'en baver, quoi.

— Si on la rappelait de temps en temps, histoire de la rassurer ?

— Bonne idée, je commence.

La sonnerie en décide autrement.

Ils se regardent.

— Tu prends ou je prends ?

Dix minutes plus tard, Miranda lève les yeux.

— Ça y est, elle disjoncte. Selon elle, quelque chose est en train de bouffer les ailes de l'appareil.

— Pardon !

— Et j'ai envie de te dire que cela n'est rien. Je ne lui ai jamais entendu une voix pareille. Bordel, mais qu'est-ce qu'il lui arrive ?

— Raconte-moi exactement ce qu'elle a dit.

La voix de Luc s'est faite de lenteur, sa voix qu'il appelait de douce prairie. Il sent bien que Miranda est perturbée par ce qu'elle a entendu.

— La brume tourbillonnante de tout à l'heure, elle dévore les ailes de l'avion. Le début est insignifiant, puis cela s'amplifie sans qu'on y prenne garde. Le plus angoissant, c'est que personne d'autre ne s'en aperçoit. Du coup, elle n'ose pas prévenir les hôtesses.

— Si elle en parlait, tu crois que ça la ramènerait sur terre ? Sans jeu de mots vaseux.

— J'en sais trop rien. Si elle se rend compte que cela continue et qu'elle est seule à voir…

Luc se prend la tête dans les mains, ouvre les doigts.

— On la rappelle. T'as raison. Faut pas qu'elle se sente abandonnée.

L'éternité se compte en secondes. Miranda a les deux mains agrippées au bord du bureau. Enfin, Luc repose le combiné. Vu sa tête, elle le laisse profiter du silence.

— Bon… Évidemment, cela s'arrange pas. Il n'y a pratiquement plus d'aile et la carlingue commence à être bouffée à son tour.

Le regard dans le vague, il regarde sa compagne.

— Je sais pas si t'es comme moi, mais je téléphone à la compagnie. Autant être sur que le vol se passe bien.

— T'as une idée de comment présenter la chose. Le coup du machin qui bouffe l'avion, ça passera pas. Et de plus, s'il y a réellement un problème, ce n'est pas évident qu'ils te le disent.

— Vrai. Faut trouver un truc passe-partout.

— Comme par exemple, leur faire parler de ce vol en leur pêchant autre chose.

— Oui, mais quoi ? Voyons les choses en face. S'il y a un problème, ils ne diront rien, quoi qu'on fasse. Donc on fonce.

Et avant que Miranda n'ouvre la bouche, Luc compose le numéro de la compagnie.

***

Et raccroche, le visage proche de la décomposition.
Miranda se rapproche.

— Alors ?

Luc semble se vider d'un coup avant de pouvoir reprendre son souffle

— L'avion n'a pas décollé. Tous les vols ont été annulés.

— Quoi ?

— Une histoire de tempête de neige qui dure depuis ce matin.

— Mais, c'est quoi ce bordel. Elle est dans un avion, oui ou non ?

Mais Luc reste impassible, comme bloqué au bord du vide.

Pressentant qu'il faut changer de direction, Miranda reprend :

— Bon, on repart de zéro. Pour commencer, le client. Qu'est-ce qu'on sait sur lui ?

Luc, respirant mieux, ouvre un dossier , en consulte quelques feuillets.

— Pas grand chose. Tout s'est fait tellement vite. On sait que c'est une boîte du bout du monde. Qui marche bien. Ça, on en est sûr. Quant à leur correspondant ; à part son nom et l'aval de son entreprise, ben…que dale…Tu penses que Sophie peut être tombée sur un taré ?

— J'espère bien que non. Mais on est bien obligé d'admettre, que si elle n'a pas complètement disjonctée, alors, elle essaie de nous dire quelque chose.

— Et le plus discrètement possible. Enfin, si on peut appeler ça discret.

Que Luc retrouve son humour est une bonne chose. Même si le moment n'y est pas du tout. Ce qui ne l'empêche pas de continuer.

— Prochaine étape, lui faire comprendre que l'on sait qu'elle est en difficulté et…

Le téléphone sonne.

Miranda, après cinq bonnes minutes, sans pouvoir en placer une :

— Merde, merde et merde !

Luc attend qu'elle se calme, tout en essayant de réfléchir. Sophie a pété les plombs, il n'a pas besoin de confirmation. La sortir de là. Mais d'où ? Et comment ? On ne sait rien de rien. Ni où elle est, ni…on ne sait même pas quoi.

— Eh, tu m'écoutes ?

Luc sursaute.

— Excuse, vas-y.

— Comme tu as pu voir, je n'ai pas réussi à dire un mot. La carlingue est bien entamée. En gros, il n'y a plus que l'arrière de l'appareil. Tout le reste a été bouffé, y compris le poste de pilotage. Seulement, les passagers restants ne remarquent toujours rien. Tant que les toilettes ne sont pas touchées. Dixit Sophie. Quant à elle, elle nous supplie de la sortir de là.

— Il y a moyen de la questionner ?

— Sincèrement, je ne pense pas. Elle est complètement dans son truc.

— Attends ! On n'a pas approfondi le truc. J'y repense. Truc, trip ! Elle en ferait pas un, en abusant de ses cachets ? Même si l'avion n'a pas décollé, elle a du les prendre avant.

— Pourquoi pas. Mais cela ne nous avance pas beaucoup. On peut seulement espérer que quelqu'un la remarque et lance l'alerte.

Leurs regards se vibrent sur le téléphone.

Le silence étouffe jusqu'au moindre de leur souffle.

***

C'est terminé. Miranda essaie de gérer ses larmes. 35 ans et quelques, et la retraite en point d'orgue. Luc consomme kleenex sur kleenex. Les amis sont partis. Ils ne reste qu'eux, ne sachant que faire, que dire.

Miranda prend la main de Luc.

— Bon dieu, je pensais pas que ce serait si dur.

— Et moi donc. Ça fait longtemps que je n'ai pas chialé comme ça.

— Et comment on fait pour dire adieu ?

— Je sais pas. On regarde une dernière fois, on ferme la porte et on jette la clef ?

Néanmoins, l'immobilité comme une seconde peau. Leurs mains suivent le chemin des yeux, touchent une dernière fois le foisonnement du familier. Et s'arrêtent ensemble, hommage blême au passé. Jamais le vieux téléphone n'a été changé, toujours branché. Cependant, après cette éternité que l'on prénomme instant, leurs yeux amorcent le retour.

Et le ciel se paralyse. Ce serait le premier bruit de la création qu'ils en seraient moins surpris. Leurs mains s'étreignent dans un nuage de terreur.

Les voix se font chétives.

— On peut pas ne pas répondre.

Et comme deux enfants pris en faute, tendus, décrochent ensemble, unis pour soutenir ce dernier appel qui hurle du fin fond de l'horizon :
« Aidez-moi, je vous en supplie, j'ai peur, j'ai peur... »
Le téléphone s'échappe de leurs doigts, dévore la pesanteur. Mais avant qu'il ne touche le sol, un flou s'empare du métal, s'émancipe en lui, le reléguant vers un hypothétique arrière-plan.
Dévoré, l'appareil n'en finit pas de disparaître.
Et soudain, il n'est plus.

Puis la brume se pose sur le plancher.

Tendinite spirituelle

Le présent fait gaffe à ne pas se prendre de coups de pied au cul, car le passé se presse derrière. De même, le futur est si proche, qu'il faut des valises d'imagination, pour ne pas le percuter.

Les dons, ça existe. Est-ce que cela tombe au petit bonheur la chance ? Ou est-ce un cadeau génétique pour bon comportement ? Je m'en fous, car je suis un de ces heureux élus. Eh oui, je suis doué ! Mais de quel don cette charmante destinée m'a-t-elle fait cadeau ? J'en sens battre des cœurs, se susurrer des « Ah, si c'était moi ! ». Mais oui, braves gens de tous les horizons et bas rivages, regardez, admirez, priez et que sais-je, mais surtout, ouvrez grand les bras, car cette rareté, ce cadeau de l'éternité, je vous l'offre, sans rien écrit en petits caractères au bas du papyrus. Eh oui, cadeau ! Car il faut bien vous le dire, ce don magique et non moins tridimensionnel, est...une putain de TARE !!!

Revoyez les premières lignes de ce texte. Eh ben, je m'y trouve en plein milieu, entre les coups de pied aux fesses et mon cul c'est du poulet de l'avenir.

Car, au début, je n'y croyais pas. Le temps était une notion aussi transitoire qu'évanescente, une aquarelle des amours inabouties d'une voie ferrée et d'un tube de dentifrice. Mais aujourd'hui, je regrette ces pensées. Pour la bonne et cruelle raison que le temps existe.

Et pour foutre la merde, on ne risque pas d'être remboursé.

Loin devant, loin derrière, et nous bien équilibrés entre les deux. Doux roman telle une cuite magique.

Désolé de décevoir, moi le premier, l'escalator horizontal n'a rien à voir avec le moindre délire d'éternité.

Comment le sais-je ? Et même plus la sempiternelle question que se pose l'humanité depuis que rien s'est mis à exister : « Pourquoi moi ? »

Tout a commencé quand je paumais mes clés. Plus moyen de rentrer chez moi. La tuile ! Le toit en entier ! Je me dis bêtement que ce serait bien de faire quelques pas dans le passé pour voir où je les avais déposées. Et vlan, me voilà m'observant jeter les clés sur la boîte aux lettres, pour soulager mon portable en pleine crise de sonneries.

Curieusement, il me fallut un bon moment pour assimiler ce qui venait de se passer. J'avais été dans le passé ! J'avais voyagé dans le temps !

Oh, audace de la jeunesse et vieillissement de l'âme ! Quels horizons pouvais-je donc soupçonner ? Mon ego me crie : « Tous. ». Tous les secrets de l'histoire à portée de mes sens, à la jointure de mes yeux et de mon cerveau. Oh, bonheur intense, joie de la découverte, savoir ultime, et que sais-je encore qui ne me sois pas passé par la tête.

MON CUL !!!

La vérité n'est que le miroir de notre insignifiance.

Commençons...

Mes premiers pas furent pour mon passé. Pas d'hypocrisie mal placée. Je remonte d'année en année. Je me redécouvre, renaissance à chaque printemps. Le pied !

A quel instant l'instinct me frappa sur l'épaule ? je ne sais plus. Mais quelque chose d'immonde s'était mis à exister. Et cela faisait un moment que ça traînait aux fissures de ma conscience. Je regarde, regarde et deviens moi-même regard jeté dans toutes les directions. Et c'est seulement quand je m'abandonne à ce regard que je vois. Il manque un truc. Et ce truc fait toute la différence. Car au plus je m'enfonce, je m'aperçois que ce truc n'est plus seul. Un machin l'accompagne. Main dans la main pour me les foutre dans la tronche. Car je commence à ressentir ce que l'être humain des premiers âges a dû éprouver quand un bestiau plein de dents s'est mis à lui courir après.

Au plus j'avance, ou recule, au choix, au plus la vérité vraie se fait jour. On se perd en morceaux. On part en biberine. Maintenant, c'est carrément des pans entiers de la réalité qui répondent absents. Je ne sais où j'en suis dans le passé. Je ne suis pas encore, et ce n'est pas demain la veille. Mais le doute s'est fait la malle depuis longtemps. Ce que je vois me file une trouille sans besoin d'adjectif. On court à la chute.

Tout a commencé par quelques signes de déliquescence, un mur par-ci, un humain par-là. Puis les ruines ont avancé, sans se soucier des ombres. Plus un être humain à l'horizon. La première fissure m'a fait l'effet d'un clin d'œil de l'éternité. Le ciel était couleur démissionnaire, flou, presque absent. Les fissures sont devenues crevasses. Tout était pratiquement disparu. Quelques monticules témoignaient d'une existence passée. Puis la platitude crevassée de véritables ravins. Je ne peux m'empêcher d'y plonger le regard. Et je le regrette aussitôt. Si tu savais, humain de pacotille, ce que l'on est. Rien n'est autre que notre plus grande gloire.

Je repars, courant presque. Le monde se remonte, sans fioriture. Je rejoins le présent, mais continue. Je veux savoir, savoir où nous mène ce fabuleux coup de pied au cul.

C'est déjà plus gai. Un temps en construction. Dur à expliquer. Même les gens semblent, mais pas tout à fait. Au plus j'avance, au plus je contemple un monde en gestation, mais dans l'autre sens. On sent poindre le présent, comme un quelque chose en suspension. Impossible de savoir quand je suis. Les prémices de toutes choses prennent forme et place, lentement. Cela a un côté magique. Cependant, un sentiment de peur s'insinue entre mes neurones. Les murs s'érigent, les forêts sortent du néant, les animaux connaissent l'oxygène. Des mains explorent, des esprits apprennent le sourire. Tout se dirige vers un temps, comme surélevé d'un piédestal. Alors pourquoi je tremble ? Peut-être mes yeux se sont posés sur une évidence que mon cerveau refuse d'appréhender. Une étendue blanche, plane à l'excès, sans ombre ni quoi que ce soit. La genèse du désert. Avec au lointain, cet horizon, comme l'amorce de l'ultime dessin.

De retour à mon heure, j'enserre mes genoux de mes bras. Maigre protection. J'ai vu le passé se ruer vers le présent, j'ai vu le futur se faire de plus en plus pressent. Le présent n'est qu'un point né d'une illusion. Je le sens se contracter, comme un regret jamais évacué.

Je suis seul au milieu d'une multitude.
Je suis figé au présent.
Je suis figé.
Je…

Nous n'accoucherons plus ensemble

Les cieux se retournent
Les orages percutent nos névroses
Les eaux enflent le désespoir
Tremblements de terre à l'intérieur
Érosion instantanée de nos peaux laminées
Pluie de grêles embrasées
Raz de marée sur cerveaux crasseux
Vague à l'âme puissance dix
Perfusion de lave sans anesthésie
Inondations sur corps démembrés
Vents d'ailleurs en un ciel noueux
Visages tsunami au gré de l'enfance
Les yeux se retournent
Voir, voir, ce que c'est que d'être trop tard
Et peur
Peur de l'engloutissement
Peur de l'écrasement
Peur de l'éclatement
Et pourrir
Pourrir dans ce dédale de civilisation castrée
Castrée d'elle même et d'ailleurs
Les cieux se retournent, se détournent de nous
Mais ce n'est qu'un rêve
Le songe de la terre
Qui rêve

A son réveil prochain

S.A.V. Service Après Vie

    Les fantômes ont repris les chemins de l'exil.
    Ils traînent leur désespoir comme autant de panaches

    Vole la poussière des champs perfides
    Leurs regards vibrent sur le fil de l'angoisse

    La peur de la rencontre se refuse
    Rien ne se dissimule au-delà

Tu meurs et tu vis
Qu'espères-tu voir fleurir sur ta tombe ?

    Le désert est un cadeau sans aller ni retour
    Tu hantes les sourires qui jadis te terrifiaient

    Songe au-delà des mémoires
    Loin autant que vibre la douleur

    Cadeau en visage fané de néant
    Beauté crachée dans les braises de la peur

Tu meurs ou tu vis
Qui donc choisira sur ta tombe ?

The last blues

Dans la famille tout ou rien, tu demandes la fille
Tu entends son corps de velours déclamer au vent
Tu veux l'emmener dans ton pandémonium
Mais elle rit que les chaînes pendent déjà de tes mains

Les arpenteurs des marécages ont retrouvé la voie
Tu vas jouer ton ego à l'ombre de visages perfides
Tu creuses la brume au son de tes mains nues
Et les femmes-chimères pleurent sur ton dos

    Dans ta nuit, les squelettes jouent au strip poker
    T'as des crampes au réveil
    Et ton cerveau compte les points

Les silences ont paraphé les vapeurs de tes discours
Tu jettes tes affiches comme des bouteilles à la mère
Mais les sirènes en redemandent pour se rouler leurs joints
Et les mots naissent de tes mains d'araignées omophages

Et tu cherches où respirer un air suffisamment vicié
Pour que la fille au corps de velours lèche tes chaînes

Quand les femmes-chimères ont fait de ta peau des kleenex

Et les sirènes écrasent leurs cigarettes sur tes espoirs

    Dans ta nuit, les squelettes jouent au strip poker

T'as des crampes au réveil
Et ce qu'il en reste compte les points

Etc…

Time after time

  Le sac tombe d'abord. La main qui le retient, le faisant obéir à une autre loi que l'ancestrale pesanteur, desserre lentement son étreinte. Libéré, vivant, soudain mué en un étrange oiseau, le sac tourne sur lui-même. Comme à la recherche d'un équilibre incertain. Ses arceaux dansent, échevelés, la danse de la terre, la danse de l'attirance. L'air, tout autour, miroite des reflets du soleil sur les parties métalliques tournoyantes. La lanière décrit une lourde histoire incompréhensible, premier message d'une longue errance. Le silence qui accompagne la chute se fait poisseux, consistant, tel une pâte molle qu'il suffirait de pétrir pour acquérir la parole, le geste. Soudain, tout se ramasse. Les arceaux, la lanière...Tout se replie, formant une étrange boule dégonflée animée de quelques soubresauts. Puis, plus rien.

  Sauf l'ombre, affolante, envahissante.

  La vieille dame tombe lentement. Si lentement que l'on pourrait se demander si ce ne sont pas les portes du supermarché qui grandissent. Démesurément, tant la dame se ratatine. Elle ne se replie pas. Non! Elle s'enfonce en elle, comme une implosion de chairs, d'os, de cartilages. Bizarrement, ses mains touchent le sol, les doigts doucement attirés, longuement étendus pour caresser, apaiser. Les bras maigres suivent, longues lianes effilochées, se ramassant, se ramassant encore, hors du temps. Les jambes plient, croulent, se meuvent en un ballet magique. Ses cheveux frôlent ses genoux et continuent leur descente, entraînant la tête, le corps.

Indéfinissable ! Les yeux s'ouvrent, avec l'envie de crier ; mais rien n'est entendu. Aucun son ne sort de son visage-sérail. La surprise, la peur, l'ignorance impriment leur marque dérisoire sur les lèvres pâles.

Le reste n'est qu'écrasement. Le sac écrasé par la vieille dame. Elle-même s'annihilant sous son propre poids. Le tout s'immobilisant dans un dernier effort.

* * *

Le soleil enfonce le passage, à l'image d'un étau gigantesque qui n'aurait de cesse de broyer, de réduire en charpie. Le temps lui-même se laisse piéger. Un amalgame confus d'instants qui s'entrechoquent, se catapultent, se replient. De moments perdus, retrouvés, pour mieux s'échapper dans cette fournaise. Cent fois, mille fois retournée !

Le silence est à l'angle que forme le supermarché face au salon de coiffure. Le regard du garçon prend en enfilade toute la longueur du bâtiment, les mains glissant doucement, suivant avec ardeur les anfractuosités du béton. On aurait pu l'imaginer pétri de mots refusés, de phrases gelées, tant l'absence de bruit s'était imprégné de sa propre image. Frêle carcasse suintant le long de la paroi. Corps fêlé dérivant bien au-delà de toute volonté. Le visage est jeune, pleurant de promesses à venir. Les yeux immenses donnent l'impression de vouloir s'échapper, de fuir ce corps en perdition. Les jambes écartées, les pieds bien à plat, comme à la recherche d'une autre mouvance, d'un autre équilibre. Mais rien ne s'oppose au mouvement. Le corps se presse un peu plus, enserrant l'angle des murs. Les doigts deviennent griffes, se déchirent à force de vouloir pénétrer l'ossature sécurisante ; seul espoir visible. D'un geste désespéré, dernière tentative consciente de tout un corps qui se contracte...Une main qui s'accroche un peu plus, le visage penché de côté, comme pour mieux entendre le bruit de l'ongle qui se casse, plane doucement, dérive déployée. Et les larmes qui coulent, épousant les sinuosités du nez, pour prendre leur élan. Petits oblongs de lumière scintillante précipités vers le long plongeon.

Et là-haut, dans sa course ascendante, l'astre lumineux, berceau de centaines de milliards de fibres rayonnantes.

Le silence, maintenant, est maître du passage, étendant ses membres lourds dans toutes les directions. Insidieusement, mystérieusement ! Le silence n'a pas besoin de masque. Il rampe et vole à la fois, s'abattant de partout et de nulle part, donnant l'impression d'avoir espéré cet instant depuis des millénaires. Telle une rage trop longtemps refoulée, il écrase ; écrase dans une paralysie de toute vie. Rien ne doit lui échapper. Surtout pas ces petits cris insignifiants qu'émettent les créatures recroquevillées. Petits tas flasques, grotesques, ridicules dans leur essence bafouée. Il veut la souveraineté absolue, l'emprise totale.

Et sans le savoir, il est en train de l'obtenir.

* * *

Le monsieur déchire la pesanteur d'un mouvement lourd. Ou plutôt, ses jambes seules miment le phénomène. Les genoux qui creusent douloureusement un passage, entraînent les cuisses, les hanches, le reste. L'attaché-case pend à une extrémité du costume trois-pièces. L'instant d'après, plus rien ne pend. Comme s'il en avait toujours été ainsi. Comme si le moment de la séparation avait été escamoté, renié. Les bras ne rythment pas la cadence de la marche. Quelle marche ? Le corps est rigide, statufié. Un en-trop qui ne sait plus par quel pore se vider. Un monsieur baigné, noyé de sueur. Ruisselant ! De grosses gouttes défrichent des routes inconnues, de nouvelles strates sur le visage, la nuque, le dos. Le ruissellement devient cataracte, raz de marée. Les genoux râpent le sol dans une lourde reptation. Les bras sont tendus tels deux bâtons silicifiés. Le corps est droit, bien trop droit. Le trois-pièces coffre-fort ne contient que du vide. Qui s'écoule goutte à goutte. Monsieur se liquéfie. Le trois-pièces est allongé sur le sol. Dedans, une ombre de monsieur. Un marasme de cellules. Et le silence s'abat, encore plus crucial. Ça s'effiloche ! Qui ? Quoi ? Ce trois-pièces-monsieur ? Non ! Rien. Une lourdeur sur la chaussée. Une inutilité, peut-être.

***

Les structures en arceaux qui surplombent l'escalator menant aux parkings souterrains évoquent la crispation d'une gigantesque araignée. Le lierre qui l'enserre telle une matrice verdâtre, plonge ses serres dans l'atmosphère même. C'est si facile. Merveilleusement poisseux ! Les marches métallisées continuent leur mouvement descendant, ascendant. Minuscule ! Elles semblent inutiles, loin de tout.

Et le couple descend. Lente gestation d'une masse écartelée ! On ne distingue pas qui est l'homme, qui est la femme. On devine à peine leur présence, leur substance. Les deux corps pourraient appartenir au même sexe. Rien ne s'y oppose ; pas même les illusions. La houle des cheveux s'emmêle en une tempête primitive. Sauvage ! Les visages. Le visage. Ce qui était leur regard ! Un entremêlement d'ombres éparses, de falaises arrachées. Les yeux se mélangent, se substituant une dernière fois, hurlants.

Et le soleil s'étire, masque rideux au comble d'une extase démentielle.

Et la masse se rétracte, magma incessant d'amour terrifié, de tendresse violée. On ne distingue plus leur étreinte, tant la chose qu'ils forment est compacte, vorace. Ce qui semblait être leurs membres inférieurs n'est qu'écrasement, démystifié sous la passion abstraite. L'après-couple s'enfonce ! Rien de ce qu'il a été ne survit. L'entité nouvelle aura la vie courte, cultivée dans le flou de l'instant. Souffrance indésirée ! Mélodrame fastidieux en aller simple !

Et d'un coup, sans que rien ne le laisse prévoir, le rythme s'accentue, s'exponentialise. La masse se liquéfie d'un seul mouvement. Elle se retourne sur elle-même. Sans un bruit, sans un cri ! La lourde gestation arrive à son terme. Virage débouchant sur le néant.

Hé ! Vous !

* * *

De passage, il ne reste guère plus que le nom. La foule grouillante d'autrefois, d'un autre temps, d'il y avait à peine quelques minutes, s'est métamorphosée. Petites choses difformes ratatinées sur elles-mêmes. Comme si l'oppression aurait eu raison d'elles. Si facilement ! Naturellement ! La lumière pigmentée ne distribue même plus leurs souvenirs. Elle les a oubliés. D'ailleurs, y a t-elle déjà pensé ? Quantités négligeables prenant la vie comme un passe-droit. Fenêtres ouvertes pour aveugles assermentés. Et qui aurait-elle gagné, de toutes façons ? L'insulte de s'entendre étiquetée sous le sigle « à domestiquer ». Le récit immuable des absurdités du genre « n'a plus rien à nous apprendre », « est à notre service ». Oh non! Elle n'a rien à donner à l'effronterie, rien à laisser en gage à l'incohérence. Et de toutes façons, que sont-ils d'autre que des monticules épars ? Même pas du silence. Simplement de la cendre humaine ! Ce garçon éclaboussé sur l'angle d'un mur. Cette vieille dame assassinant son sac. Ce couple écartelé en une unique étreinte. Ce monsieur-trois-pièces, explosant son théâtre en pleine gueule.

De la cendre !

Rien que de la CENDRE !

Et le temps en redemande, banni de son mystère, prisonnier de leur méprise. La difformité ne leur sied que trop bien. Que tout redevienne vierge, que tout ne soit qu'immaculée récession. L'image même des carences ne leur a pas appris l'aspiration du dépassement. Nés de la vie et ne voulant être qu'une fin en soi. Mais vous n'êtes que continuité ! Ne comprenez-vous donc rien à ce bonheur-là ? Que de virages négociés dans l'unique but d'aller dans la même direction. Que de silences outragés par l'horreur de se voir. Œillères glacées !

Mais qui êtes-vous à la fin ? Qui es-tu ? Toi le garçon, s'éjaculant sur ton piège de béton. Toi la vieille, génitrice d'une culture manufacturée. Toi le trois-pièces, toi le monsieur, toi la soif d'absurde rigidité. Et toi, le couple père et mère retrouvés, noyade désespérée s'affublant d'un masque torride. Passion futile, s'épuisant de ne rien savoir faire d'autre. Tu te vis dans ton espoir-névrose, agglutiné l'un à l'autre d'un même élan, d'une même détresse. Tu te perds de toi-même et tu n'entends pas.

Le silence qui te brûle !

La lumière qui t'arrache !

Tu te perds dans l'autre toi-même et tu ne vois pas.

La plaie qui suppure. Le goutte à goutte empoisonné qui libère. La fureur de ta vie qui n'en peut plus. Orages gelés ! Frénétique jusqu'à la folie, tu te goures de chemin. Tu n'es ni le silence, ni la lumière ! Et tu en pleures ! Tu en crèves ! Tu en vis !

Hé ! TOI !

Voyance immobile

Je me coule entre les portes
Je n'ai plus de suspicion
Je suis un arbre démembré de ses racines
je ne contemple que l'horizon d'hier
Aujourd'hui et demain ne sont pas

J'ai voyagé au travers d'étranges entités dont le nom m'effraie. J'ai passé des portes aux clés rongées de désespoir. J'ai vu un autre monde. J'ai cligné des yeux. Le monde a disparu, seul est resté l'autre. Le vent ignore le message.

J'ai plaqué mes yeux sur un horizon fourbu
J'ai rêvé ailleurs que de n'être ici
J'ai bravé les plaies des souvenirs
Je me suis oublié, et pourtant

Au retrait de la torpeur des blessures, blasé de la pesanteur des larmes, je rêve. Je crie mais je rêve. Je marche mais je rêve. Je suis et je rêve. Même avant, je rêve.

Je sens fondre des planètes lointaines
Je prie en tant que résurgence de l'existence
J'ai assisté à l'union du néant et du réel
Je me suis vu sans les sarcasmes des miroirs

Dans les yeux de trop d'entités, j'ai n'ai perçu que mes hurlements. Appel perdu. Me suis laissé bercé, oublié, remis à d'autres échéances. Je plaque mes mains sur la vase des vestiges. Le rêve perdu n'est-il rien de plus qu'un mensonge ?

J'attends
Me nourris de nos crevasses
J'attends
Dors à l'abri de nos trahisons
J'attends
Maintenant n'est que l'enfant perdu d'hier
Alors j'attends
Et de loin je vous dis
J'attends, j'attends, j'attends…

Au-delà,... et surtout plus loin

Au-delà du miroir je vois
Il existe !
Cet au-delà du miroir tant réprouvé
Enfin, je regarde, à n'en plus pouvoir
Les conditions ont été réunies
Un soleil blafard se réverbérant si haut que les yeux en deviennent fous
Un je ne sais quoi dans l'air, tel un excrément de l'atmosphère
Mais, quoi qu'il en soit
L'autre côté, si près et étonnamment si loin
Je m'y complais, tel qu'en moi-même
Et en surimpression, les autres
Oui, ceux-là que des siècles de légendes ont nommés « les autres »
Et maintenant que j'y suis, je ne sais que faire
Entrer, entrer, entrer,...
Un rêve, une hérésie
Mais chaque civilisation n'a t-elle pas ses propres hérésies ?
Alors !
J'ouvre les yeux encore plus grand
Réverbérance de mon image d'une netteté insoluble
Et derrière, toujours derrière
Leurs ombres mouvantes si prêt de se dévoiler
Et moi, collée au miroir
Je me sens une âme de voyeur
Je me demande soudain, avec un bref recul
Si eux me voient, s'ils désirent me rencontrer

Je suis de nouveau tout contre le miroir
Paralysée par l'attente,...De quoi ?
Je me déplace, et curieusement, ils en font de même
Le hasard n'est-il rien d'autre qu'un appel ?
Je me prends au jeu
A droite, par ici, ailleurs...
Cela ne dure pas
Ils jouent maintenant leur propre chorégraphie
Je reste subjuguée
Si étranges sont leurs jeux
Tant de subtilités dans si peu de déplacements
L'effet de perspective rend l'irréalité de la scène
Paralysée, ivre d'émotions
Je sens les larmes couler
Comme une envolée au chœur de la sécheresse
L'échappatoire de liberté
Mais l'envie se fait douloureuse
Entrer, entrer,…
Mon image en est presque préhensible
Doublure en corps et en esprit
L'idée me vient de reculer pour saisir un ensemble
J'aperçois maintenant leur décor
L'étrangeté semble seoir à merveille à ces êtres
Mon environnement est si étranger au leur
Que tout est décuplé
Voir !...Encore et encore
Et soudain, une main se fait énorme, se déporte vers l'extrémité du miroir
Et,...le miroir se déplace
Il se replie sur lui-même
Non ! Il s'enfonce sur un côté
Et, d'un coup, il n'est plus

Disparu
L'au-delà du miroir me fait face
Si soudainement, je tremble
J'hésite, pratiquement en peur
Mais, ce sera peut-être la seule fois
Et qu'il n'y en aura pas d'autre
Non, aucune autre
Alors, je ferme les yeux
Je me précipite plus que je m'élance
J'y suis…
Depuis tant de temps, tant de rêves
Je suis…
Les mots m'illuminent la bouche
Je suis, j'y suis
Au-delà du miroir
Au-delà du miroir
Moi, moi entière
Moi
Petite mouche

A la perpendiculaire de dieu le père

Si demain n'est qu'un mythe
Après-demain est une hérésie
Le présent est une bête carnivore
Le passé sombre dans la légende
Que reste-t-il ?
A peine une empreinte
Le sable du temps n'a jamais été fécond
Et même le rire de l'oubli
Ne veut rien y faire
Demain est une inconnue
Une ride au cœur du vide
Demain est un jour sans lui-même
Un oubli, un amour avorté
Espoir en survie
Demain joue sur le tapis roulant du temps
Mélange infime de l'instant
Brume solidaire des rêves
Valsitude au déni de l'espoir
Je marche comme d'autres croient
Le dos tourné aux inconcevables
Les pensées éteintes au creux des nuits
Le visage comme une caresse au levant
Et je t'implore, dieu ou père
Regarde tes enfants
Réagis...
Et commence par trinquer avec moi

Ce que l'on ose appeler un destin

Les mêmes pas, les mêmes murs, la même danse
Les mêmes pas qui te projettent si près devant
La même mort
Le même ennui

Les cieux brouillés de sang
Tu penses, tu penses, et tu penses

Le ciel était si bleu pourtant

Les banlieues grondent sous le sommeil
Et la torture

Le ciel est toujours aussi bleu

Et puis un beau matin

Les mêmes pas, les mêmes murs, la même danse
Les mêmes pas qui te projettent si près devant
La même mort
Le même ennui

La même mort
Le même ennui

La même mort
Le même ennui

La même mort
Le même ennui

La même mort

Versant sur horizon en phase 3

Le livre me fait face. Ouvert à la page 162, ça je m'en souviens. Et cette voix.

— Tu vas me lire, oui ou non ?

— J'essaie, bon sang !

Mais rien à faire, ce n'est qu'un dégradé de gris, un brouillard en inconsistance.

Cela fait des heures que j'essaie de lire cette foutue page. Et la voix qui me fout la pression.

— Tu sais ce qui t'attend. Il faut lire. Il le faut.

Et c'est à ce moment que l'angoisse commence à monter. La sueur m'inonde les yeux. Ce qui n'arrange rien. C'est comme une parcelle de néant coincée dans le brouillard de la page 162.

Je ne sais plus comment je suis arrivé là, dans les méandres d'un magasin abandonné à sa propre existence. Parmi tous les endroits de cette bibliothèque, qu'est-ce que je fous dans ce magasin perdu, cherchant désespérément à déchiffrer une saloperie de page 162 ?

Et cela se prolonge, se prolonge. La peur a fait de moi une statue. Et toujours.

— C'est si compliqué de me lire ? Je vais finir par suspecter que tu le fais exprès. Tu ouvres les yeux et tu t'imprègnes du retour. C'est simple, non ?

Je n'arrive même plus à répondre. L'impression de n'être qu'une projection de fin du monde. Il faut que je sorte. Comment, pourquoi ? Aucune idée. Tout ce que je sais, tout ce qui importe, est que je ne dois pas être là.

Je me fais l'effet d'un assemblage de neurones au grand bonheur la malchance. Et d'abord, pourquoi lire cette enfoirée de page 162 ? Pas de réponse. Sauf une, mais qui n'est pas de moi.

— Ça te suffit pas, parce quant à moi…

Je veux bouger.

Impossible. Je suis ancré dans un réel inutile, telle une genèse jamais désirée.

— Alors, tu lis ?

Y avait longtemps. D'un coup, je me sens plus calme. L'ancre de l'angoisse s'est décrochée. Lire, lire ! D'accord, mais dans la brume, c'est pas gagné. Je m'y essaie encore. Mais rien à faire. Il y a quelque chose entre moi et la page. Voir ce quelque chose, puis voir la page. Je me force à oublier le livre, ne respirant que ce qu'il y a entre lui et moi. C'est comme entrer dans de la mélasse, mais sans l'odeur, c'est déjà ça. Cependant, cela ressemble plus à un mur, fait de bave solidifiée. Impossible de passer, je le sens.

— Eh, le livre. J'y arrive pas. Bon sang, tu peux pas me donner un coup de main ?

— Désolé, je n'ai aucun pouvoir sur ta vision des choses. T'es sympa, mais je ne peux vraiment rien faire. Et de toutes façons, il est trop tard. Les temps se sont écoulés.

Le quelque chose se dissout, dévoilant un livre fermé. Je le sais. A jamais.

Je suis allongé sur le côté. J'attends l'inévitable. Cela commence par les jambes et remonte lentement. Je ne ressens guère la douleur. Les hanches. La poitrine. Les bras. La nuit s'insinue sous mon crâne. Mon cerveau part en panique, devient peur ultime. Car, aussi soudainement qu'inutile, le livre me délivre un dernier message.

— Sais-tu que la lecture est un antidote à la pourriture ? Tu n'en étais pas intimement persuadé. Tu aurais dû. Tu aurais pu me lire. C'est triste. Mais tu ne me laisses qu'une chose. Te regarder pourrir de l'intérieur...Et mes larmes n'y peuvent rien.

Mes yeux se ferment. Je me sens fondre. Mes organes, mes os sont une bouillie de conscience en route vers l'errance.

Je suis une planète en ébullition. Continents, océans, tout n'est plus qu'une brume immonde, prête à imploser. Écartelé, arraché, contraint d'ouvrir les yeux.

— Putain, mais tu dors sur mon bureau !

Le cauchemar s'arrache de ma conscience, cédant la place à une Aurélie se demandant si le plus grand crime de l'humanité ne se déroule pas sous ses yeux.

— Tu fais quoi, là. On nous attend pour débroussailler ces putains de magasin. Et toi, tu roupilles. Pour les abandons de poste, avec toi, on craint rien. Allez, ouste !

Le coup de pied dans les roues du fauteuil contraint les dernières émanations du sommeil à faire marche arrière. Je me lève péniblement.

— Où est-ce que je vais ?

— Bon sang, t'as encore la mémoire je sais pas où. Attends deux secondes, je regarde.

D'un coup, tout me revient. Aurélie, collègue hiérarchiquement supérieure par entente tacite. Certains magasins à revisiter. Pourquoi ? Chaque chose en son temps.

— Ça y est, tu es au magasin B2. Je le connais. T'as des chances de pas t'endormir avant la fin.

— C'est quoi ce B2, j'y ai jamais mis les pieds ?

— T'inquiète, c'est pas le plus chiant. Tu verras, tu vas t'éclater.

— Puisque tu le dis

Aurélie me regarde, tête penchée sur le côté, signe qu'elle attend.

— Oui !

— Vraiment, le magasin B2, ça te dit rien ?

Ayant suffisamment de neurones dans le sens de la marche, je me creuse un peu.

— Ben non.

Je sens un léger je ne sais quoi me chatouiller au fond de la gorge.

— Bon, vas-y. Qu'est-ce que je suis censé ne pas avoir raté ?

Aurélie s'assied, pose les mains à plat sur son bureau.

— Tu te souviens du gars que tu as remplacé ?

Qu'est ce qu'il vient faire là-dedans, celui là ?

— Oui, vaguement. Je n'ai fait que l'entrevoir.

— Tu sais qu'il a fini cinglé ?

Je l'ai toujours pensé. Rien ne vaut Aurélie pour vous bousiller le moment présent.

— Bon ! Et alors ?

— Ben rien ! C'était simplement son magasin préféré.

Et la deuxième couche, vous connaissez ?

— Bon allez, fini la plaisanterie. Moi aussi, je l'aime bien ce magasin. Au boulot !

Et c'est pleinement réveillé que je rejoins le B2.

* * *

Surprise totale, la journée se termine tranquillement. J'exécute ce que je suis sensé faire, et rejoins le reste de l'équipe qui semble m'attendre. Témoin ces regards qui donnent l'air de regarder passer les trains.

Aurélie me saisit le bras au passage et m'oblige à faire face à la meute bibliothéconomique en rang serré.

— Alors, ce magasin ?

— Ben, ça y est. Prêt à l'ouvrage. Qu'est-ce que vous avez à me regarder comme ça. C'est pas la première fois de ma vie que je bosse.

Petit sourire en coin d'Aurélie.

— Allez, on te fait pas marcher. De toutes façons, tu vas bientôt courir.

N'étant pas né d'hier, et ayant une certaine habitude des sourires en coin qui vous font une gueule d'alien mal dégrossi, je m'attends au pire, ou au mieux, à une version édulcorée.

Pas de bol…

— Bon, comme tu finiras par l'apprendre, et ce par des voix pas forcément dignes des nôtres, voilà...

— Voilà quoi ? J'ai bientôt fini ma journée, moi !

Échange de regards que je qualifierais de sournois.

— As-tu dans ta garde robe un truc qui peut faire office de cravate ?

— Vous jouez à quoi, là ?

Je les observe tous à tour de rôle. Quelque chose me chiffonne dans leur maintien. On les dirait prêts à se jeter tête baissée dans le bar d'en face. Et soudain, je comprend, j'illumine.

— Non ! Bande de salauds, vous m'avez pas fait ça ?

Aurélie me prend affectueusement le bras.

— Tu crois qu'on s'est gêné ?

— Pitié, pas l'employé du mois !!!

***

Il me faut bien trois jours pour oser affronter la réalité de côté. De face, c'est hors de question.

Une explication s'impose. Ce n'est pas le titre d'employé du mois qui pose problème. Tout le monde y passe. Non, le truc, c'est la fiesta monumentale qui s'ensuit. Et sur le compte de qui ? Devinez.

Aurélie se dirige vers moi d'un pas bien trop décidé.

— Ça y est. J'ai peaufiné ton discours. Tu vas faire sensation.

Faire sensation est bien le dernier de mes soucis, tandis que l'inverse en est le premier. Je prends quand même le papier que la sorcière me tend. Bon, ce n'est pas si terrible. Si on ne s'attache pas à des formules du genre « phénomène extra-temporel » ou « Dieu n'aurait pas fait mieux ».

Maintenant que je suis sur l'estrade, pas question de reculer. D'autant que les collègues se sont stratégiquement disposés derrière. Je me lance, respire à fond, ouvre la bouche,…, et me prends la petite voix en plein visage.

— Alors, on préfère lire autre chose ?

C'est un peu comme si toutes les fonctions vitales se posent la même question métaphysique : « C'est quoi ce bordel ? ». Je sens poindre à l'horizon les prémices de la panique. D'autant qu'une brume se forme, plus opaque de seconde en seconde, ne m'offrant aucune visibilité vers la feuille, qui n'est qu'à quelques centimètres de mes yeux. Et la voix…

— Tu sais, j'ai pas toute la nuit.

Et dieu seul sait pourquoi, c'est là que je me révolte. Parce que moi, je l'ai, toute la nuit. Et que j'ai bien l'intention d'en profiter. Et ce n'est pas une connasse de page à la con qui va m'en empêcher.

— Si on arrive au côté tendresse...

Pourquoi ne m'a t-on pas dit que les insultes n'avaient aucun effet sur une page de bouquin ? Tout simplement, parce que c'est faux. Ça les fout en rogne et ça bave de partout. Car c'est l'impression, de la bave qui s'immisce dans mon cerveau, jouant au flipper avec mes neurones. Et surtout. Ça fait mal !

— Tu veux bien lire maintenant ?

Le ton de la voix est bien plus douloureux que la bavante précédemment citée. C'est froid, plus que glacé, sépulture du zéro absolu. Aucun espoir à en attendre. Rien. Même pas l'idée d'une ombre.

— Mais, merde, tu me veux quoi ?

Je n'ai pas la conscience d'avoir crié ou chuchoté. Je suis censé discourir devant un parterre d'invités qui n'attendent que le buffet, et j'ai l'impression de hurler comme un damné. Mais qu'est-ce que je m'en fous, j'ai mal.

— Je vais essayer. Mais arrête, arrête !

— Tu ne vas pas essayer. TU VAS ME LIRE .

La douleur s'atténue légèrement. J'essaie de me concentrer. Des points sillonnent ma vision. La brume est comme étoilée. Impossible de lire au travers. Mais c'est quoi cette merde ?

— Je n'y arrive pas. Je fais ce que je peux.

D'un coup, le vide. Non, le silence ; de cette qualité qui pèse des tonnes, et qui appuie, qui appuie.

Loin, comme des paillettes perdues, deux rayons de lumière crevés d'angoisses. Il me faut longtemps, ou pas, ou peut-être, pour reconnaître les yeux d'Aurélie. Avec au loin d'autres paillettes comme autant de collègues aux visages effarés.

Puis, le brouillard s'ébroua.

Et ce fut comme si j'étais dévoré vif.

***

Comme toujours, c'est un moment de sombre tristesse. Les visages sont serrés, clôturés par l'émotion. Les bruits semblent s'être désintégrés, le vide a absorbé les silences. La femme et l'homme se tiennent côte à côte. Les mains sont moites, comme privées d'oxygène. Le vent des formes a cessé de battre. Les yeux se font messages. Un semblant de brume a dévalé la colline, peuple semeur de rêves.

La femme émet quelques sons.

— Je sais que l'on a fait ce qu'on a pu.

L'homme murmure.

— Il y a toujours un mur au-delà de nos volontés.

La femme semble sombrer.

— J'ai toujours cru au miracle des silences.

L'homme évoque l'ombre d'un sourire.

— J'espère pour lui.

* * *

La femme et l'homme longent le comptoir du secrétariat. Une voix leur demande le numéro de la chambre qui vient de se libérer.

Aurélie ferme les yeux.

— La 162.

A rebrousse temps

Un individu pénètre dans le bistrot, s'installe au comptoir et s'adresse aux hommes attablés.

— Je me nomme Dieu et j'offre une tournée générale.

Quelques visages se tournent et se replongent en eux-mêmes.

Le lendemain, Dieu récidive.

— J'offre une tournée générale.

Les visages se tournent de nouveau, un peu plus nombreux que la veille. Cependant, les regards retrouvent leur point de départ. Aucun mot n'est prononcé.

Dieu ne se décourage pas pour si peu. Sept jours durant, la phrase désormais culte fait le tour de la salle.

— J'offre une tournée générale.

Il semble qu'il y ait plus d'attention du côté des tablées. Quelques mots s'envolent et s'écrasent quelques mètres plus loin. Ce n'est toujours pas le succès escompté.

La semaine se passe.

Il entre, faisant ombrage à la lumière. Assis sur un tabouret face aux dieux nonchalamment installés, il lance d'une voix à peine voilée.

— Je suis l'homme et j'offre une tournée générale.

A peine quelques coups d'œil aussitôt dénudés de leur substance.

Le jour suivant se lève. La voix est plus assurée.

— J'offre une tournée générale.

Mais les mots ne sont toujours qu'allers simples. Les réactions ne sont à peine qu'une débauche de non-énergie.

— J'offre une tournée générale.

Crissement de pieds sur le parquet, regards à l'emporte pièce, quelques vagues de compréhension.

Mais rien n'y fait. Et la semaine s'estompe.

Le bistrot est fermé. Les volets sont repliés contre les vitres, comme si elles se refusaient à voir l'extérieur. Cependant, attirant inévitablement le regard, une feuille de papier est fixée sur la porte. L'écriture y est hésitante, marquée de nombreuses interrogations.

« Dorénavant, et à compter de cet instant, moi, patron du bistrot, décide que plus aucun dieu, plus aucun homme n'aura accès à cet établissement. Les raisons en sont profondes, et chacun doit les comprendre à sa façon. Néanmoins, seules leurs ombres seront acceptées. »

Le soir est tombé. De la lumière filtre à travers les volets toujours clos. Quelque chose comme un appel. On ne peut s'empêcher d'entrer. Derrière le comptoir, le patron sue à grosses gouttes. Servir tant d'ombres n'est pas une sinécure. Et que ça chante, et que ça boive, et que ça danse. Mais le patron est heureux. Son bistrot a renoué avec sa raison d'être, la sienne et celle de son propriétaire.

Mais la nuit se termine et les ombres se doivent de regagner leurs corps avant l'apparition du soleil.

Le lendemain un nouveau texte éclaire la porte laissée entrouverte.

« A compter de cet instant, et ce pour une durée qui frise l'éternité, seules les ombres seront admises en ce lieu. Une incompréhension s'étant faite jour entre dieux et hommes, j'estime qu'il est inutile de tenter quoi que ce soit pour combler ce néant. Néanmoins, pour une fois moi être humain patron de bistrot, je considère que pour ce coup-ci, ce ne seront pas les innocents qui trinqueront. Pas de cette façon-là. Donc, durant tout le temps nécessaire, un endroit pouvant être qualifié de parking pour entités, sera mis à disposition. Les ombres y récupéreront leurs corps le moment venu.

Petit aparté personnel, j'aurais cru, espéré, que les deux composantes auraient pu n'en faire qu'une. Mais entre dieux et humains, il y aura toujours ce gouffre qui arrange tout le monde. Mon affection pour les ombres ne date pas d'aujourd'hui. Rien ne s'oublie, tout est faux semblant, vraie réalité.

Je souhaite une bonne journée à qui le désire. »

Ce fut une découverte qui révolutionna bon nombre de sciences et de croyances. Un ancien bistrot venait d'être mis au jour. Daté de quelques bons millénaires, il ne cesse pas de nous étonner. D'abord, à sa proximité immédiate, nombre de corps en position debout, et certains oseront dire d'attente. Et force fut de constater qu'il s'agissait d'hommes et de dieux, cette race que l'on croyait perdue à jamais. Encore plus étonnant, à l'intérieur. Des êtres de couleur sombre, fossilisés dans diverses positions, dansant, buvant, chantant. Avec en point d'orgue, un personnage étonnant. Accroché à ce que l'on nommait un comptoir, l'homme, car c'en était un, semblait désigner de son bras libre un endroit dans son dos. L'autre bras étant occupé à véhiculer un nombre impressionnant de récipients, que nos recherches approfondies nommeront « chopes », le visage couvert de transpiration solidifiée irradiait le bien être, voire le bonheur. Cependant, ce qui appelait irrésistiblement le regard, ces quelques mots inscrits sur le miroir brisé. Le mystère reste entier. De vieux textes y font vaguement allusion. Rien de très précis. Les caractères utilisés dénotent une culture différente, des postures sociétales autres. Nous sommes assurément partis pour de longues années de recherches. Voici ces quelques mots, qui nous semblent avoir une importance capitale dans l'inconscient des gens de l'époque.

« C'est la tournée du patron ! »

Dans les labours de nos langages

Les silences sont les apostrophes de nos pesanteurs
Les mémoires virales
Éphémères
De nos envies
Les flaques de vérité au cœur des mots
Les matrices magnétiques
Sans lesquelles rien n'aurait aucune chance
Le silence est un engrenage de veines et d'artères
Pontifiant l'ombrage et la foule
Des canaux d'élan vital
Pour que vivent les reliefs
Que la platitude s'éloigne de nos marais
Les silences nous bercent hors des illusions
Sensitifs de nos phrases aveugles
Pour que le vrai approuve nos miroirs
Il existe des sentes à jamais inexplorées
Des lieux où les corps vacillent
Où la survivance des rires
Engendre des mots nouveaux
Que le silence repose les bras levés
Pour mieux les guider
Leur ôter leur inconsistance
Libérer leur saveur insatiable
Vivre n'a que le silence comme fortune
N'est que l'expiration et son contraire
Il n'existe aucune joie que l'ombre des silences
Et que sèment les pétales de nos instincts
Les mots ne seront-ils jamais la lumière
Tant que les silences brûlent les distances

Il n'existe qu'une seule chose
Du tourbillon initial sont nés le mot
Et son âme...le silence

Télé-faune

C'est la fête ! C'est la fête !
Hurlaient les gamins dans les rues
Les gens couraient de droite et de gauche
Rendez-vous sur la place...Et amenez la bière
C'est arrivé
Quelqu'un a enfin réussi
Bon dieu que ça fait du bien
Les gens sautaient sur place de bonheur
Comment ? Qui ? Quand ?
Les questions s'empilaient au gré des arrivées
Le contact rétabli
Depuis quel temps ?
Il y a si longtemps
Même les légendes n'en parlent qu'à l'ombre des nuits
Et aujourd'hui
Les fleurs courent les rues
Les rivages conjurent le cauchemar
Quelqu'un a saisi l'inimaginable
Les mots ont franchi les heures perdues
Que tout n'était que confidence sans imaginaire
La voix se perdait dans des matins informatiques
Les robots quémandaient leurs propre sénilité
Mais aujourd'hui
Aujourd'hui !
Les voix ont déserté les mirages
Peuplé les rêves de leur senteur
Au loin les messages sans saveur
L'asphyxie des mots
Les phrases millimétrées en ombres barbelées

Et à partir de ce jour
Les astres brillent de nos cerveaux
La brume s'éclaire de l'intérieur
Il n'y a plus d'hérésie sur nos lignes
Car aujourd'hui
Tant attendu, tant espéré
Un humain,...Oui
Un humain a répondu
Les voix se sont peuplées d'hirondelles
Buvons, fêtons

* * *

Quelqu'un traverse la foule
Automate renvoyé de l'humain
Le visage paralysé, ravagé
Le silence peuple son passage
Des questions s'élèvent
Retombent
Phrases soulevées sur un tombereau d'amertume
Quand l'une d'entre elles perce les sombres vapeurs
« Que s'est-il passé ? Donnez-nous des nouvelles de l'humain qui a répondu. »

Quelqu'un soupire d'une voix éteinte
« Il a été abattu. »

Blues pour une éternité

Je n'ai pas de visage
Rien que le silence d'un passé révolu
Dans les franges du souvenir
Rampent des bêtes aux abois
Aboyeurs de rêves déhanchés
Marteleurs des heures tranquilles d'avant l'aube

Je n'ai pas de visage
Même les anges ne me reconnaissent pas
Je jongle de mon âme en chimère
Et crient les fardeaux oubliés
Quand les forêts brûlées
Hurlent leur propre désillusion

Je n'ai pas de visage
A peine le souffle d'un arpège
Le glissement salvateur d'un rire éphémère
La survivance d'un accord englouti
je sens la bruine me couvrir
Le long de mes mains en attente

Je n'ai pas de visage
Mais je peux rire de moi-même
Je n'ai pas de mains
Mais j'applaudis sans peur
Je n'ai pas de corps
Les ombres ont-elles besoin d'un masque ?

Je n'ai pas de visage

Mais la vie me brûle

Sans fin…
Sans fin…
Sans fin…

33ème horloge après l'horizon

L'horloge bat la cadence
Hypnotise les énergies
Démenti de tous les silences
Variations sur éphémère
Seule
L'infini comme simple créance
Rien
Espérance d'éternelles visions

  Je tourne et retourne loin du sommeil
  Les rêves se refusent et les cauchemars m'ignorent
  La nuit est bloquée sur pause
  L'écran est noir

L'horloge bat la cadence
Métastase les énergies
Endort les rythmes naissants
Voracité de l'instant
Meurt
Journée d'occasion perdue
Apparaît
Démarque les lignes de la nuit

  Je descends les marches du couchant
  Volets clos, regard embryonnaire
  Le sommeil est un astre en sursis
  Lent balancement

L'horloge abat la cadence
Se refuse à délimiter
Dénombre tous les pas superflus
Suspendus
Éphémères
Virages embués
Outrage de l'absurde
Ne se dément jamais de soi-même

    J'entends ce lointain si névralgique
    Conformité du mouvement
    Je sombre sur ce virage impassible
    Tic, tac, va mon cœur

L'horloge en solo cadencé
Extrémité dépourvue de chaleur
Me prend dans le silence
Imperturbable et réel
Je ne suis que passage
Vide
Rien que
Mais si vide

    Je ne suis qu'un écho cadencé
    Écrasé sur le seuil
    Brûle en concordance sacrée
    Knockin on my heart

L'horloge rythme si dense
Vague surannée de rêve
Réel comme oubli
Changement en vase clos

Cerveau
Si près de la réalité
Et pourtant
Nos doigts se crispent

    Je plonge en apnée émotionnelle
    Les mots effleurent la source
    L'ombre n'est qu'un reflet
    Tic, tac, vire à l'horizon

L'horloge en décadence
Lent désaccord du néant
Subtile divergence
De si loin que d'horizons
Voyage
Mouvance dans l'éphémère
Et voyage
Toujours, toujours

    Je pressens ce battement
    Annihilé des ailes du temps
    Crevasse pesant sur l'illusoire
    Tic tac de l'inexistence

L'horloge ne reste que la danse
Sur un tic tac de pacotille
Redouble mon cœur de vigilance
Le temps est toujours aux abois

Visite en vase clos

Je suis en train d'emballer les cadeaux quand l'idée me frappe d'un coup. Les enfants croient au père Noël. Rien de plus naturel, croit-on ; du moins jusqu'à un certain âge. Et si l'inverse était vrai, si le père Noël ne croyait plus aux enfants. J'en reste paralysé. Qu'est-ce qu'il me prend de penser un truc pareil ?

Je me secoue, au propre comme au figuré. Je me reconcentre sur les nœuds, en plein et en délié. C'est fou ce que l'on peut faire avec du papier d'emballage.

Mais je sens que l'idée s'accroche à moi, s'y trouve bien et entend y rester.

Bon, le meilleur moyen de m'en débarrasser étant peut-être d'y plonger corps et bien, je me lance. Le père Noël pense que les enfants font semblant. Pour ne pas décevoir les adultes, ils s'extasient, sautent en l'air, rient, pleurent, oublient de se moucher. On ne leur fera pas ce coup-là. Un père Noël, ben tiens ! Même si on est petit, ça fait longtemps que l'on a émergé des pâquerettes.

Et puis, il sert à quoi, le père machin-truc ? A porter des cadeaux le soir du 25, au mépris des règles élémentaires de l'espace-temps ? Cela rime-t-il à quelque chose ? Pourquoi pas le 18 ou le 42 ? Et puis t'as vu comment il est fringué ? C'est de la frime, ou il se prend vraiment pour quelqu'un ? Non, c'est pas sérieux.

Et les parents d'en remettre une couche. Il descendra par la cheminée ; en rappel ou en apnée ? Et n'oublie pas tes chaussons et les carottes pour nourrir son âne. Tu te fais bouffer tes savates en dessert, t'as l'air fin.

Mais, est-ce vraiment pour les enfants, ce fichu père Noël ?

Ce serait bien un coup des adultes, courageux comme ils sont. Planquer leur putain de croyance sur le dos des gamins. On les reconnaît bien là. Sécurisés par contrecoup. Parce que, si on regarde bien, c'est quoi un adulte. Un enfant qui a trahi ses rêves, ou pour être diplomate, qui les aurait oubliés ? Si t'oublies ça, mon pote, tu mérites bien ce qui t'arrive. Tu deviens un grand.

Pause, je vais me faire un café. Mine de rien, je suis en sueur et il me faut un remontant. Les paquets sont pratiquement faits, il ne me reste qu'à indiquer les noms et terminé.

Cependant, une idée n'aime pas qu'on la largue en chemin. Et celle-là semble coriace. Curieux ce frisson d'angoisse qui me secoue les tripes.

Pépère Noël n'a plus cette aura magique qui a fait de lui le pourvoyeur de décembre. Mais qu'est-ce que les adultes y gagnent ? Un sourire débile au coin des lèvres, un moment d'oubli dans un quotidien sans oubli. Sûrement pas les cadeaux ; les cadeaux, c'est pour s'assurer le silence des gamins. Mais, du coup, à quoi ils jouent les gamins ? A devenir des sous-adultes que l'on s'achète sans problème ? Ou des graines de manipulateur en herbe, bien trop content d'avoir un entraînement rituel répétitif d'une année sur l'autre ?

Si ça continue, je vais bientôt friser le mal de tête.

Je fixe ma table de travail. La finesse du bois usagé me calme les neurones.

Mais ce n'est que pour mieux replonger.

Quel est donc le fin fond de l'affaire ?

Des adultes qui font semblant de croire que les enfants ne font pas semblant, alors qu'eux-mêmes croient dur comme fer que les adultes ne font pas semblant de croire que les enfants ne font pas semblant non plus.

Et moi, qu'est ce que je viens me perturber là-dedans ?

J'ai besoin de m'asseoir quelques minutes.

Et c'est, bien sûr, à ce moment précis, que surgit la question ? Pas de celles qui peuvent attendre, de celles qui sont là pour le fun. Non, la QUESTION. Celle qui taraude, qui hante, qui sous couvert d'un point d'interrogation, exige LA réponse. Et qui ne bougera point tant que…

Quelle est donc la raison profonde de ce désaveu infantile ?

Leur aurait-il fait une crasse ? Un truc méchant, préparé de longue date. Rien que pour le plaisir ! Non, pas possible, il n'est pas comme ça, le vieux papa. Ou alors des erreurs de livraison à répétition ? Il s'est fait repéré se roulant un joint ? Il ne l'a pas fait tourné ? Non, non et non ! Cela doit être bien plus ancré. Peut-être une épidémie d'oediperie mal placé ? Allez savoir, où il y a de la gêne, il n'y a pas d'éthique, c'est bien connu.

Je me tords les doigts et m'en aperçois quand ça commence à faire mal. Bon, me dis-je dans un élan de ras le bol et de, bon sang, c'est l'heure, faut y aller.

Je passe à la cuisine me passer de l'eau sur le visage et sur le creux de l'estomac. J'enfile mon manteau, prends les cadeaux sur la table, sors de la maison et grimpe dans mon véhicule.

Et c'est avec une nausée métaphysique de première que j'expédie un coup de fouet au néant.

N'attendant que cela, les rennes s'envolent au-dessus des sapins.

Poser les parenthèses...

Il paraît que cela arrive de temps en temps. Un nom scientifique a été accolé au phénomène. Pour ma part, ce serait plutôt « chiantifique ». Depuis, la vie est impossible, la mort aussi d'ailleurs. Pas moyen d'en sortir ; ça part à droite, ça part à gauche, ça se barre de partout. Un silence dans un absolu d'autres silences. Je ne sais même plus quand cela a commencé. En rentrant chez moi, en sortant du métro, en vain ! Bon, faut que j'essaie d'y voir clair.

D'un coup, tout a disparu. Comme si le monde venait d'être rendu à lui-même. Sans prévenir. Surtout moi. La moindre action, le moindre geste, étaient compromis. Une course d'obstacles sans rien d'autre que les obstacles. Le bordel, quoi ! Inutile de dire que le quotidien est vite devenu un enfer. Plus le moindre repaire pour refaire le plein de repos.

Evidemment, j'ai bien essayé de contourner le problème. J'ai consulté, j'ai dé-consulté, j' en ai remis une couche. J'ai même dit merde ; c'est montrer à quel point était monté mon désespoir.

Le plus petit acte du quotidien semblait une cause perdue. L'ingéniosité était devenue mon mode de vie. Tous les trucs mis au point avec ou en dépit du bon sens. Manque de pot, on ne délivre pas ce genre de diplôme dans nos facs.

Cependant, à force de traîner des godasses dans les miasmes technologiques, pas après pas, va sur mon chemin. Bon, traduction, j'y arrivais tant bien que mal, malgré des pertes inévitables. Le temps enfilait ses perles sur des lignes à haute tension que je me faisais un déplaisir de mordre à pleines dents. Good times !!!

Ma dernière tentative remonte à quelques jours. Un copain m'avait donné l'adresse. Il était certain que la personne saurait me dépêtrer. Après m'avoir fait remonter trois vies, elle s'est évanouie en poussant un hurlement d'horreur. Elle a refusé tout net de me dire ce qu'elle avait vu. Mes dernières économies venaient de s'envoler, tout comme mon dernier copain.

Que faire arrivé à une telle extrémité. Une seule solution. La dépression ! Puis vint la compression (pas drôle non plus). La scission cédant la place à la récession, j'ai exigé qu'on stoppe le processus. J'ai dû insister, les médecins ne voulaient pas. Ils avaient cru déceler en moi un truc intéressant.

Va mémère sur le flot ininterrompu de mes angoisses métaphilithérapeutêtre, pépère n'a pas mangé tout le foin.

Si ça n'explique pas mon état, c'est sans espoir.

On dit qu'au moment de mourir, on voit sa vie défiler. Qu'est ce que j'aimerais ! Parce que moi, c'est l'inverse. Et cela fait un bon moment.

On m'a conseillé de mourir à la montagne.

On m'a décrit les bienfaits du décès campagnard.

On m'a vanté les mérites de se faire croquer par un requin.

En gros, mourir de rire, cela ne doit pas être mal non plus.

Des jours et des jours que je regarde les murs de chez moi. La situation ne s'est pas améliorée, ni dégradée. A plusieurs reprises, les larmes ont sillonné les vallons de mon visage. Je n'arrive pas à imaginer la fin, bloqué, paralysé, cimenté dans un monde perclus de trop de traces. Mon appartement est devenu le capharnaüm de l'abandon. Rien ne bouge, figé dans un rictus. Les poubelles ne se vident plus, le frigo refuse de s'ouvrir. Tout semble ne plus vouloir. Le silence comme seule entité vivante. Je plonge dans mes souvenirs. J'y accroche une bulle, puis deux, un sourire prend feu dans le lointain. Il y a un temps pour les cieux étoilés, pour les arbres vibrant des appels du vent, pour tout, pour rien, et surtout, surtout, pour...moi !

Je descends la rue à toute allure, enchaîne les avenues, les boulevards. Je n'ai plus qu'un espoir. Que celui-ci ne soit pas paralysé. Je me surprends en train de courir, les jambes mitées par les crampes. Je compte les ombres qui naissent des pylônes à chacun de mes passages. Je comprends que la nuit est tombée. Sinécure, j'arrive, ouvre-moi les bras. Mais les silences ne sont que les sangsues de l'angoisse. Je ne peux appréhender ce qui se passe ; et c'est cela le plus terrible. Se sentir écarté de la réalité, en dehors des choses, des gens et de tout ce fracas que je ressens comme l'essence de moi. Ou de mon existence, si l'on préfère. Mais moi et mon existence, vu qu'étant le principal intéressé, n'est-ce pas moi-même ?
Et si ce moi-même reflétait un autre état.

Bon dieu, mais qu'est-ce que j'ai foutu de ce mot de passe ?

Cela faisait des années que je l'utilisais tous les matins pour lancer ma vie de la journée. Et puis vlan, le trou. Et bien malin le fait de l'avoir écrit et bien enfermé dans ce tiroir qui, faute de mot de passe, ne peut s'ouvrir.

Au début, c'était rigolo. Mettre la vie entre parenthèses et rouvrir les guillemets en ouvrant les yeux.

Aujourd'hui j'arpente les rues du matin au soir, et j'inverse quand l'ennui m'enduit les narines. Je suis bloqué dans un présent même pas là. Tout est sans fin, le pied. Sauf que le revers de la dalle que je me prends sur la figure, c'est que tout est également sans début. Immobilisé en dehors du temps, comment décrire ce genre de truc ? A vouloir faire un croc en jambe à l'immortalité, lui soutirer des moments par-ci, des séquelles de vie par-là, on a fini par se prendre les pieds dans le tapis. Et maintenant, je me retrouve assis sur ce banc, prisonnier d'une fantaisie de l'esprit. Mais comment on peut oublier un truc aussi important ? Le monde n'est qu'une apnée perpétuelle.

Mes yeux se ferment. Oublier, rien qu'une minute, aussi infime soit-elle. Je rouvre les yeux.

— Salut, Monsieur...

Il se tient devant moi, les mains dans les poches, ne sachant sans doute pas où les mettre.

— Bonjour, tu es perdu ?

— Oui, Monsieur, je l'ai perdu ce matin. Je ne sais plus quoi faire.

— Je suis comme toi. Moi aussi, je ne m'en souviens pas.

— Comment tu te sens ?

Les doigts s'incrustent dans les poches.

— J'ai peur...Et pour les grands comme toi, tu as peur aussi ?

— Je crois qu'on peut appeler ça de cette façon. Mais ne t'inquiètes pas, on va s'en sortir.

C'est beau l'optimisme.

D'un coup le garçon me fixe d'un regard inquiet.

— Tu sais, Monsieur,... je lis beaucoup. Et dans un livre, il y avait des gens perdus comme nous. Et l'un d'eux a dit...

— Oui, je t'écoute.

— Et ben, le monsieur de l'histoire a dit :

« Peut-être qu'enfin,...On est libre.

HOMOCARRIERUS BAD BLUES

On te projette une vie en solde
En des cavernes de sombres credos
Où se justifient les mises à mort
Sur le miroir de paraboles fétides

    Derrière ton présent, rien ne repousse
    Et quand tu dois faire demi-tour
    Le vide à du rire à revendre

On t'avait promis des soirées, des palais
Il te suffisait de monter les marches
Mais ils t'ont coupé les jambes
Un soir d'ennui l'hiver à la veillée

    Marches sur des crânes perclus de remords
    Tu entends tes cris en transe d'avidité
    Comme tu leur ressembles à imiter l'amour
    Mais tu n'éjacules que l'ombre du silence

    T'as la graine familiale
    Toi, le petit fils d'homoerectus
    Trop bien planqué dans ton abri bus
    T'as le blues mon pote,
    Homocarrièrus

Tu as su cloné tes envies au vestiaire
Maintenant tu trembles dans tes guenilles
Les chimères se rient du sang de tes pleurs
T'as pas cent balles mon pote

Que je mise sur ta mort

Au seuil des marais

Dans les marais des solitudes
Une sirène se mourait d'ennui
Elle avait essayé plein de trucs
Se faire élire présidente
Se faire cloner en putois
Et j'en passe des plus odorantes
Mais rien n'y fit
Et quand je dis qu'elle se mourait
Elle en crevait
L'ennui était comme des pustules
Qui suintaient de sa peau
Mais qu'est-ce qu'un marais
Et qu'est-ce qu'une solitude
Allez savoir
Le temps passait comme il sait bien le faire
Sans rien laisser supposer
Sans une égratignure
Et comme il commençait à se faire tard
Julie décida de voyager
Elle commença par les pays
Fut déçue
Visita les vastes océans
Fut trempée
Elle explora les cieux
Se chopa la crève
Finit par s'asseoir sur elle-même
Contempla son for intérieur
Et décida de se faire opérer de l'appendicite

Se sentant nettement plus légère
Elle s'en retourna aux marais
Histoire de causer à sa solitude
Elle rencontra les gens d'ici
Les gens de là
Et ceux-là même d'au-delà
Elle écrivit un livre en une langue inconnue
Le publia à titre de témoin
Conjura le sort
Et retourna vivre dans les marais
Où dorénavant, une certaine lumière n'est plus seule

Et voilà que ça recommence !

Le sentiment de panique enfin maîtrisé, je regarde attentivement autour de moi. Les parois sont identiques à ce qu'elles étaient il n'y a pas si longtemps, dans cet autre rêve. L'eau enserre la navette comme une pluie de silence. Je me concentre sur ce que me dit la console, mais aucun instrument ne m'éclaire. Il y a eu un avant, et je suis dans l'après. Mais seul, inévitablement seul. Pourquoi inévitable ? Le mot s'impose de lui-même, comme une écharde qui rentre dans la peau.

Je dois comprendre, appréhender ce qui s'est passé avec raison, surtout s'il n'y en a aucune.

Nous étions ensemble. Une quinzaine de navettes accrochées à cette paroi d'un autre temps, à 35 millions d'années de mon ciel natal. Pourquoi là précisément ? Parce que théoriquement, nous aurions dû y trouver des traces de vie. Suivant des modèles établis, c'était ce qu'on appelle un « croisement de faisceaux ». Il semblait inconcevable que l'on ne trouve rien. Plusieurs courants devaient se croiser en cet endroit. Il y a des lieux comme ça, plus intransigeants que les changements géologiques, plus stables que les planètes les plus froides. Mais après trois semaines d'explorations sous-marines, nous en étions pour nos frais. La vie avait effacé toutes ses traces.

Et puis d'un coup.

Un rai de lumière surgi de rien, se perdant dans l'inconnu liquide.

L'idée d'aller voir.

Je m'approche doucement.

Un fil de lumière dans une grotte perdue sous la mer.

Nos instruments ne détectent rien.

Je passe dessous.

Je me retourne.

Seul !

Je n'explique rien, je ne m'explique rien.

L'ouverture que nous avions découverte, et qui donne accès à la mer, n'existe plus. Je passe dessous à plusieurs reprises, espérant trouver une faille, n'importe quoi. Que la roche. Comme je suis retourné des dizaines de fois à l'endroit où se trouvaient les navettes. Egalement, que de la roche.

Je suis immobile. Mes pensées sont immobiles. Il semble que plus rien n'existe. Même les souvenirs qui affluent comme des souris affolées me semblent irréels. Irréels la maison, le jardin, les effluves du printemps. Irréels le temps d'hier, les ombres farouches des soleils couchants. Rien ! Une coupure. Sans bavure. Un coup de sabre dans l'illusoire. Si net que même ma respiration me semble étrangère.

Je dois me reprendre. Sinon le vide déchirera mes dernières velléités. Quitter ce lieu où je tourne en rond. Comprendre, appréhender les événements ; ou humainement essayer. D'abord, le décor a changé. De façon subtile, mais indéniable. Tel surplomb rocheux était moins accentué. Telle faille n'existait pas… Et pourquoi l'idée subite d'y rajouter « encore ». Quoi qu'il en soit, réfléchir, réfléchir.

Je me déplace lentement le long d'une paroi de parfaite verticale. Comment expliquer que le débouché vers la surface ait disparu ? Nous avions évidemment balisé le chemin avec précision. À force, tout se ressemble. Pas question d'être paumé dans un dédale de grottes finissant par nous donner le tournis.

Seulement, tout cela ne tient plus. Je suis perdu, solitaire et...j'évite d'en rajouter. Explorer ce nouvel environnement et retrouver la surface. Tout ce qu'il me faut dans l'immédiat.

J'ai l'impression de tourner et de repasser sans cesse par les mêmes galeries. Il n'en est rien. J'ai ma petite procédure personnelle pour éviter ce genre d'ouverture sur le désespoir. Heureusement, les instruments n'ont pas souffert. J'ai pu refaire un plan des lieux, passages, grottes, couloirs, etc.

Le bilan est pour le moins surprenant. C'est comme si tout avait été secoué. La comparaison avec l'état des lieux précédent me pose plus de questions qu'elle n'en résout. Tout est semblable et dissemblable à la fois. Le réseau de cavités ressemble à ce que j'ai connu, mais je me dis que tout est possible. D'autant plus qu'aucune ouverture vers le haut ne me pointe du doigt. Mais l'inquiétude n'a pas encore tressé son regard inquisiteur. L'expérience a montré qu'il y avait toujours une issue.

Je ne peux pourtant pas m'empêcher de me poser mille et une questions. Que sont devenus mes compagnons ? Pourquoi tous ces changements subtils ? Je m'avoue ne rien comprendre. J'ai beau réfléchir à tout un tas de possibilités ; rien ne tient la route plus de deux arguments. Mes mains se mettent à trembler.

Une suite de couloirs et de cavités inexistantes il n'y a pas si longtemps. Je repousse le désespoir à coups de petites phrases bientôt inaudibles. Tout me semble irréel, impitoyable, inévitable. Et puis d'un coup, l'ouverture. Bon dieu, que ça fait du bien !

Je m'apprête à retrouver le ciel.

Je m'engouffre comme je n'en peux plus. Je me fais une joie de revoir
la plage, les forêts, la ville dans le lointain.

J'émerge enfin. C'est la nuit. Une demi lune et un banc d'étoiles me souhaitent la bienvenue. Je regarde autour de moi. L'obscurité me masque la plage. Je décide de prendre de l'altitude. Les lumières de la ville vont me faire le plus grand bien.

Il y a des jours où le silence ferme ses portes
Il y a des nuits où…

Rien, pas même le souffle d'une bougie. Je sens la palpitation des forêts, comme un seul murmure d'une infinie lenteur. Yeux fermés, je pleure à l'intérieur. Qu'est-ce qui se passe encore ? Pourquoi, aucun éclairage ? Pas la moindre goutte scintillante à se mettre sous la dent. Je monte, j'hésite. Une panne généralisée ? Non, il y aurait toujours quelque chose, si ce n'est les phares des voitures. Mais rien, et encore rien aurait bien sa propre existence. Alors que là.

Je cherche la rationalité. Comme un truc prêt à se faire la malle.

Une envie de m'allonger me prend par la main. Je me laisse faire.

Matin
Soleil
Horizon

Je me précipite, un espoir accroché comme une lanterne en plein vent… qui s'éteint. La forêt ne fait qu'une, accrochée à la terre, se rafraîchissant des rivières qui la peuplent. Inutile de faire du rentre dedans à la réalité. La civilisation a disparu. Fin des illusions. Je ne suis pas réapparu à la surface à des milliers de lieues de notre point d'entrée.

Je...Nous…

Le poids de la perte sous mes yeux devient intense. Où êtes-vous ?

J'accroche une rivière à mon regard et décide de la suivre. Sous moi, défilent des torrents boueux, des eaux claires. Le calme est déchirant. Et toujours, tapis de velours, végétations semblant rendues à une liberté totale. Je ne sais ce que j'espère. Soudain, je remarque le silence, comme une perle enfin retrouvée. Je laisse carrément la navette se déplacer d'elle-même. Je n'ai plus d'idée. Comme un vide qui s'épuise à force de me pomper. J'aimerais que tout s'arrête, que les cieux se peuplent de lumières.

Mais rien ne diffère de l'instant.

Si ce n'est...au loin, une tache plus claire sur l'ombre de l'immensité boisée. Je m'y dirige, pratiquement sans le vouloir. C'est bien plus large que je l'imaginais, une immense clairière ovale. On dirait une erreur, ou une respiration. Je fais le tour. Une pointe de lumière. Une ombre trop définie. Mon regard est attiré. Je m'y dirige, les yeux crucifiés d'espoir... De la vie, ou du moins l'apparat d'une vie. Je me pose à une centaine de mètres. Aucun doute, ce n'est pas naturel. J'ai beau fouiller mes souvenirs, je ne trouve rien de ressemblant. Cela a l'air de flotter au-dessus du sol. Rien n'est visible en tant que hublot, ouverture ou quoi que ce soit qui y ressemble.

Je m'avance lentement, une légère appréhension au fond de la gorge.

De près, c'est carrément beau. Une forme indéfinissable, semblant émerger d'une sorte de vapeur ambiante. Et d'un coup, sans savoir comment, quelqu'un se retrouve en face de moi.

On dirait qu'elle est sortie de nulle part. Elle semble surgie d'une autre planète. Je me rends compte aussitôt n'avoir pas osé dire d'une autre époque. Elle avance sans appréhension, ce qui fait disparaître mon début d'angoisse.

— Bonjour. Marrant de se trouver comme ça. Je viens du 25ème siècle. Et vous ?

Surpris, un brin embarrassé, je souris.

— Du 21ème.

— Je sens que cela va être intéressant de comparer nos vaisseaux.

Me perdant dans la contemplation du sien.

— Je pense que le mien risque de vous décevoir.

— Détrompez-vous. Si vous saviez la somme de savoirs que l'on a égarée ; pour ne pas dire perdue. Ah, au fait, je m'appelle Eve.

— Enchanté, moi c'est Adam.

Si je marche...

Quand je marche sur ma terre, je demande pardon
Quand je respire, j'implore le silence
Quand le soleil me trouve, j'offre

Le rêve est le rendez-vous de tous les éléments
Je vous souhaite la bonne nuit

Quand je fends l'herbe au couchant,
Quand je bois l'eau éphémère
Quand je regarde, quand je vois

Le rêve est le sillage de nos événements
Je vous souhaite la bonne nuit

Si je me ressens chemin
Si je n'ai de l'éveil que mon histoire
Le temps ne blesse plus l'oubli
La brume enfante mon oubli

Rien que pour ouvrir le regard
Je vous souhaite le bonjour

Bonne année, mon frère

Tu es venu de loin mais si près de toi-même tu t'es pas reconnu
Tu leur as bien fait croire qu'à l'aube des promesses on peut toujours se taire
Tant de chemins noircis peuplés de tes appels
Pour finir allongé sur ce lit de bitume

A force de vieillir sur le coin des pavés les cieux s'en sont perdus
Tu rêves d'une nuit qui hurle un peu moins fort que les maux de la faim
Replié sur toi-même les portes de l'oubli
Ne s'ouvrent même plus sur un âge fini

> Il se passe quelque chose
> Les gens s'embrassent
> Il se passe quelque chose
> Dieu, qu'il fait froid
> Bonne année, mon frère
> Bonne année, mon frère

Tu restes sans bouger, tu restes sans vieillir , à regarder la foule
Qui peuple l'horizon, du moins ce qu'il en reste au gré de ta mémoire
Même cela tu vois tu n'y a aucun droit
Manger ou bien dormir t'ont appris à crever

Tu pestes bien souvent sans trop savoir pourquoi, histoire de survivre
Te fondre dans le décor comme un pilier abstrait au ban des certitudes
Ils te parlent, te voient, t'abreuvent de leurs mots
Et tes mains qui se gèlent leur montrent l'océan

Tu vois courir le monde un peu comme une excuse au gré de l'imposture
Tu n'en veux à personne, à quoi ça t'servirait d'envier l'inaccessible
Le sang coule de tes lèvres, ta gorge c'est du béton
Tu te dis que ce soir tu peux fermer les yeux

Sur le bord d'un trottoir perdu dans le désert d'une putain de ville d'un putain d'univers
Un carton qui s'envole comme un dernier regard

        Il se passe quelque chose
        Les gens s'embrassent
        Il se passe quelque chose
        Il peut bien faire froid
        Bonne année, mon frère
        ...Bonne année, mon frère

<u>La solitude des larmes</u>

Tu n'es qu'un enfant les bras tendus
Glissant vers des statues de lumière
Appelant des mots rongés d'illusions
Des messages rayés de couleurs vides
Entre ce qu'ils voulaient
Ce que tu étais
Tu t'es endormi
Tes mains déliées pétrissant le vertige

Tu sens se ternir les feux de l'errance
Pourquoi toujours toi en souffrance
Enraciné de toutes leurs blessures
Si cela menait à leur bonheur
Tu es l'échappatoire
Leur consolation
Maintenant tu sais
La barbarie soupirait à ta porte

   Elle te réclame comme seul exutoire
   Te montre comment se noient les rêves
   Elle est la condition ultime
   Ce qui te relie, ce qu'il te reste
   Elle est l'antidote aux ombres de passage
   La solitude des larmes

Que tu leur demandes ou que tu te taises
C'est toujours la même et pâle réponse

La peur s'enroule au ciel de leurs yeux
Aux dernières gouttes d'un océan
Tu es leur miroir
Tu vis sans retour
Ils ne te repoussaient pas
Ils s'enfuyaient au large d'eux-mêmes
Ils te condamnent à t'endormir
Sur les vestiges de leurs envies
Déchirent sans trêve ton jardin sans âme
Remodelant sans fin les restes du néant
Rien que pour survivre
Aux vagues de tes yeux
De leur pourriture
Ils te nourrissaient de leur solitude

Que leur regard t'accuse et se ferme
Sur le quai loin de tous les départs
Les vampires agonisent du passé
De leur pauvre dignité blessée
Ton seul savoir
Ta seule pitié
Ce qui est détruit
Que souffrent les portes de l'imaginaire

Brouillard en apesanteur

Tout est serein, précis. Nulle équivoque ne vient troubler le battement de la vie, la lente régénérescence du destin. Le ciel est suspendu, toujours suspendu. Comme un arrêt, un silence immobile, quelque part aux abois ! Toujours aux abois !

Elle marche, se sent marcher, comme un automatisme fondu des millénaires. Les jambes, les hanches, les bras, perpétuel mouvement, comme en arrêt, aux abois…quelque part.

Les yeux ouverts. Mais pas sur le réel ; sur ce qui peut, qui doit, qui va devenir réel. Encore et toujours. Visage ouvert. Toujours aux abois !

Sommeil incisif, sans regard, quelques instants devant.

Ses lèvres s'entrouvrent.

— Devant qui ?...Devant moi !

La nuit n'a pas de faille, sauf celles que l'on s'y invente. Sécurité du noir, de l'ombre, de la… Non, pas encore, pas maintenant, il est trop tôt, il est toujours trop tôt. Sans cesse aux abois !

Le flot de paroles, les marées de ses mots, qui découvrent et recouvrent.

Quand le cœur est trop froid.

Quand le cœur hurle.

Le passé est derrière, l'avenir là-bas.

— Et moi, au milieu…, de quoi ?

Et quand ça se rapproche, l'étau se resserre ; quand elle se retrouve coincée, quand la conscience devient brûlante de réalité.

— Le présent, c'est moi, moi, moi, moi !...Non !

Maintenant, maintenant, c'est le moment. L'instant où le brouillard se dissipe, où l'on se voit funambule, seul(e) sur le fil, sans yeux ; rien que conscience d'être seul(e) sur le fil, sans yeux !

Venue de quelque part, en partance. Toujours aux abois !

Pour où, pourquoi… Silence.

Défricher la terre inculte… Peur de lui faire mal… Douloureux , oh ma terre… Pleure, pleure, pleure…

Tes blés au soleil

Tes gelées de sombre février

Pleure ma… Non, pas maintenant, pas encore. Un peu de temps , tout ce qu'elle demande, c'est un peu de temps.

Un peu de tendresse

Non, pas la tendresse. Ça arrache au passé, ça refoule l'avenir. Ça fait vivre !

Se perdre en elle. Ce qu'elle fait de mieux, ce qu'elle réussit à chaque fois. Magie du non-savoir, repos du non-écrit, visage de l'innocence.

Fredonner une musique, la nommer « Requiem pour un moindre doute ». Quand la voix devient torture, le chant vomissure, quand rien ne peut l'appeler, quand tout le rejette, quand rien ne l'écrit, quand tout le reçoit, quand il est là, présent, aux abois, toujours aux abois.

Rien qu'un mot, opium de toute une vie, touche de vérité.

— Non, assez ! Plus de mot, jamais, je le veux, maintenant. Assez de l'attente, assez de la douleur.

Elle ouvre la bouche.

Le dire et tout est fini.

Mais son ventre crie, son ventre se refuse, ses intestins se tordent. A genoux, la bouche toujours ouverte. Non pour le dire, simplement tout vomir… Aux abois !

Ce n'est pas lui qu'elle rejette, ce n'est que son refus. Elle s'accroche éperdument. Ses poings sont serrés. Ses poumons récusent l'oxygène. Son corps se refuse, encore et encore, toujours et toujours.

Ses yeux n'accaparent que le blanc. Soudainement, le blanc.

Elle sait que dans cet état, elle peut le rejoindre. Mais pas le dire, c'est à lui de la dire, elle.

Alors, c'est le gouffre. Noir. Mais plus le repos, le non-tout, le oui-rien.

Et ça lui fait peur, très, trop peur.

Le refuge, le seul, l'ultime. La folie qui rôde au fond, attend, si accueillante, si déséquilibrante. Premier pas vers autre chose. Illusion ! Mirage !

Mais non, elle ne le veut pas. Comme chaque fois, très loin, au tout profond d'elle, un cri, un hurlement à peine perçu, mais qu'elle pressent d'une puissance extrême, infini, et qui l'oblige à tendre l'oreille, pour à peine saisir les mots :

« Il était une fois, une seule,…la tienne ! »

Alors, elle se relève, marche, marche encore, encore marche, telle un silence, un automatisme, telle un masque, un non-dit. Jamais dire, surtout maintenant ! Mais plus tard. Quand plus tard se marie à jamais.

Jamais, jamais, jamais…

Et le vent se lève, la caresse, le soleil la réchauffe, le ruisseau murmure.

Et le cri, le hurlement qui s'amplifie, monte. Les mains sur les oreilles, trop tard, elle étouffe, elle devient, elle ne peut plus, ne veut plus. Elle est ce cri, ce hurlement. Sa tête se déchire, son corps explose, aspergée de son sang. Sa brume se déchire.

Elle se relève. Elle a dû retomber.

Les mains tendues, réunies, les rapprochent de ses lèvres. Maintenant ou jamais ! Mais jamais ce jamais-là. Elle entrouvre la bouche, ça résiste encore, mais c'est trop, cela vient de trop loin. Sa bouche encore, comme l'impossible. Énorme, profonde, libératrice.

Le hurlement, le cri.

Le mot.

« La mort……………………….. ! »

Elle retombe, asphyxiée, morte. Non, non, non, pas morte. Ses mains respirent. Sa peau respire.

Elle ouvre les yeux.
Elle ouvre les yeux.
Elle ouvre les yeux.
Elle ouvre les yeux.
Elle ouvre les yeux.

J'ouvre… mes yeux.

Aux abois.

Nos labours sont de plomb

La ville est plombée…
Le monde est plombé…
Ma tête est plombée…
Le ciel est plombé…à l'image d'un gant gigantesque qui s'abat, enserre, broie, expulse.

Un croc barbare respire le sang de la terre.

Tout est vieux, agonisant. Renvoi de miroir de ce ciel pluvieux qui se refuse. Menace imperceptible sur gorges broyées.

La place n'est semblable qu'à elle-même. Le temps l'a griffée de ses mots. L'homme l'a giflée de ses images dégénérées. Elle n'est et ne sera qu'un souvenir, une perception latente. Une balise parmi tant d'autres,… au bord du précipice !

Les murs ont été ravalés, les façades descendues et remontées, différentes, plus jeunes, bien que leurs racines semblent liées aux siècles vieux. L'odeur persiste. Celle-là même qui persistait, inébranlable, insoumise à la débauche temporelle, aux déflagrations des jours et des nuits. Incrustée dans l'ombre des brouillards matinaux, persistante sur la langue au goût des pluies continues, fixée là une fois pour toutes. Elle a élu domicile il y a des siècles, après avoir fait bombance dans toutes les gargotes de l'errance, cuitée à outrance, amoureuse à souhait, rigolarde à jouir. Puis un beau jour, s'est pétrifiée, a dit : « Ici ! Maintenant ! »

Mes pieds se sont posés sur le sol.

Quelques instants seulement auparavant, je n'étais pas en ce lieu. Une enceinte métallique m'isolait impunément. Solitaire prisonnier, solitaire sécurisé ! La voiture s'est arrêtée. La clé de contact a fait mugir le silence. Présent !

Et me voici, le souffle ras, de plein pied dans l'affront du réel. Mon regard éponge les contours, s'imprègne de cette émanation de sépulture. Le flou, encore, cherche à m'entraîner dans la poisse, le faux-semblant. Fuir ! Mais non ! Quelque chose de plus fort, de sauvagement révolté m'y oppose. La marée suintante reflue, regagne mon silence.

L'édifice s'impose, d'un coup, sans la moindre décence. Il m'ordonne de me taire, de suivre, de ne pas chercher. Il m'aligne de toute sa hauteur, obséquieux, magistralement civilisé. Oiseau énorme, posé sur son cul de pierre, prêt à dévorer, à lapider tout ce qui risque de troubler sa sérénité, sa complaisance d'épouvantail. Il me sonde, me passe au crible, se sécurise. Pour une manipulation, une excuse, une raison, un justificatif, un billet aller-retour d'une conscience sans tache, une ballade sans écorchure au genou. Overdose d'œillères !

D'autres incursions jouent à éclipser le silence. Mirages de chair, d'os, de trouille.

Mais il est temps.

Le monstre appelle. Sa soif a quelque chose d'intransigeant, de solennel. Nous entrons dans l'enveloppe brumeuse d'un univers parallèle, suintant d'une séquence interdite. Tout bascule en un instant ; jusqu'à l'odeur tenace qui n'a pu investir l'endroit. Le temps, ici, n'a pas la même palpitation. Froid, desséché. On le dirait hypnotisé par la courbure de la nef, endormi à jamais. Lui, qui hantait la moindre de mes cellules, qui était partie prenante de ma plus petite incartade à la vie. Lui, qui me bottait les fesses depuis l'éternité, me lâche, m'abandonne, terrassé par des dents tentaculaires.

Je me sens nu, sans cache-nez, sans cache-sexe, sans cache-moi.

C'est affiché, délibérément incarné dans les marches d'un film qui ne sortira jamais. On se retourne sur soi-même, on hiberne l'espace d'un moment. Pour éviter ce qui rampe, s'insinue par la moindre ouverture, par toutes les ouvertures. Le moindre pas nous enfonce dans les sables mourants.

Curieusement, les cieux sont toujours présents. Sans doute ne se sentent-ils pas concernés. Je laisse des paroles s'échapper de ma gorge. Ce sont mes seuls alliées. Le silence a tracé les sillons dans lesquels nous pouvons nous engager. Nous sommes et je suis seul en même temps. Je sens des crocs se refermer, un peu comme on aime sans savoir. Des volutes de temps se terrent près de mes mains. Me dirigent. Me volent. Je suis humain gigogne, à l'intérieur d'un intérieur d'un intérieur… Je ne suis ni heureux, ni malheureux. Je suis, c'est tout. Comme dans un sas de l'existence. A l'orée et au crépuscule réunis.

Je me retourne, contemple le chemin parcouru, comme s'il avait une importance primordiale.

Le flou me rend mon regard.

Je n'en attendais pas plus.

...

Je ne sais plus où.

Mais je me souviens.

Quelque chose est plombé…

Alibi

Tu regardes autour de toi
Tu guettes le scandale quotidien
Celui qui te servira de faire-valoir
Tu montes au créneau de tous tes mots
Tu rejettes les paroles qui t'entourent
Tu es le chevalier servant
Accroché à des causes sans avenir
Tu te sers d'alibi
Tu aides l'aveugle à traverser la rue
Tu donnes la main à l'enfant
Tu penses que le temps te montre la voie

    Qu'y a-t-il devant toi ?
    Tu n'oses plus te retourner
    Tu erres sur des fantômes desséchés
    Les vents ont rejeté le masque

Et tu vois ce que tu caches

25 mars, et autres

25 mars, 10h12 le matin.

La rosée saupoudre la végétation d'une couverture scintillante.

Le soleil peine à percer. La brume a, comme qui dirait, du mal à se réveiller.

Les feuilles d'une nouvelle naissance se secouent à l'aube de la saison.

Un tissu blanc effleure l'herbe, s'avance vers la trace d'un ancien fossé qui délimite la route. Le franchit sans hésiter.

La voiture pile en se déportant légèrement. Tout à son attention pour éviter la robe blanche qui vient de se planter devant lui, surgie de quelque part, l'individu au volant ne la voit pas quitter son champ visuel.

Le véhicule est immobile, la personne au volant est descendue. Elle semble interloquée. Cherche autour d'elle, fouille les fourrés du regard. Mais où est passée cette folle ?

Quelques gouttes d'humidité s'échappent des feuilles nouvelles. Le regard épouse les abords de la forêt. Quelques pas maladroits, juste de quoi tremper les chaussures. Rien ! La robe blanche a disparu.

25 mars, 10h23.

La voiture repart. Les pneus crissent légèrement. L'air ambiant disparaît l'espace d'un instant. L'accélération bat son plein. Le virage est négocié sans à-coup.

Le carrefour est là, bien trop tôt, à peine entrevu. Le choc est effroyable.

Le trouble de la nature se traduit par quelques cris d'oiseaux, des déplacements effarouchés dans les buissons. Puis la paix revient.

25 mars, 10h31.

Une ombre blanche se détache d'entre les arbres, se rapproche.

Elle fait le tour de l'enchevêtrement de tôles, de plastique, de caoutchouc, et de...Il n'y a pas de survivant.

Sur le visage, le masque le plus ancien dont l'humanité fut pourvue, celui de l'incompréhension. Rides tirées au coin des yeux.

Elle se recule, comme si la distance pouvait favoriser sa réflexion. L'herbe lui fait un tapis moelleux sous les pieds.

Le jour n'en finit plus de grignoter les miettes du temps. La robe blanche est comme un signal de fumée. Même une petite pointe de lumière se fraie un passage au travers des brumes persistantes. Petit à petit, les bruits de la forêt reprennent vie, à chaque fois comme un soulagement.

Les yeux semblent grignoter le réel. A ce point tel que l'on imagine le courant de ses pensées. *Bon sang, je comprends pas. J'étais bien au bon endroit au bon moment.*

25 mars, 10h42.

Soudain, la dame blanche pose la main sur son front et ne peut s'empêcher de s'écrier :
— Et merde ! J'ai encore loupé ce putain de changement d'horaire !

Gerbe City Blues

Tu cherches dans les miroirs le retour de tes rêves
Rien n'est pareil aux cieux qu'une image déracinée
Le vent de tes mots n'est qu'un vieux parchemin d'ennui
Et pourtant tes pas se meurent à défricher la peste et le sang

Tu t'en vas si loin
Le temps s'évapore
Et tu préfères que tes yeux se perdent quelque part

      C'est si bon de vivre à Gerbe City Blues
      C'est si bon de vivre à Gerbe City Blues

Tu côtoies l'amour sur des histoires sans visage
Qui te rejettent de tes larmes sur un piédestal de misère
Leurs mains se figent sur des nuées de sommeil
Et les fruits sont si sombres dans les rues au ciel de midi

Tes pas sont si lourds
Le vol des chimères
Et les nuits s'enchaînent sur des marées de regrets

      C'est si bon de vivre à Gerbe City Blues
      C'est si bon de vivre à Gerbe City Blues

Tout est si vieux dans les prémices de ton ombre
On t'oblige à revêtir l'uniforme du néant
Les crues des rivières se brisent sur tes nuits
Tu sens que le soleil tombe si loin de tes yeux

Et toi tu regardes
Ces bruits te rassurent
Le temps et ses symboles sont des ombres à genoux

Tu pleures et tu vis et tu respires les signes perdus
Le jeu est mort, tu plies les mains et sombrent les rêves

     C'était si bon de vivre à Gerbe City Blues
     C'était si bon de vivre à Gerbe City Blues

L'ombre n'est-elle que le blues d'un visage ?

Visage sans ombre
Sans méprise, sans surprise
Du vague à l'âme au rabais
Visage sans permis
Sans trêve ni retard

>Je n'ai pas réalisé mes rêves
>Mais contrairement à ce néant
>Je n'en suis plus l'esclave

Visage de toi, de moi,
De rien
Ou de si près
Comme une écharde dans le brouillard
Un mirage en clé de miracle

>Je n'ai pas soudoyé mes rêves
>Peut-être n'en suis-je que l'ombre et la réalité
>Mais combien éclatante

Visages soldés en sourire
Outrage de nos mémoires
Visages en lisière
Pourquoi tant de soirs ?

>Nous n'avons pas réalisé nos rêves
>Mais contrairement à eux
>Nous rêvons

A traverser la mer
Combien se perdent les vagues
D'un silence outragé
Un visage
Comme un passage

    Vers ce rêve…

Village

Le village n'est-il qu'un mirage au cœur d'argent
Suspectant la promptitude de l'étonnement
Se fatiguant de la velléité de nos sens
Feignant l'étreinte subtile de l'émotion

      Mais que d'années, que de temps
      Au seuil d'une nuit de poussière

Le village serait-il la perception solitaire
D'un voyage assagi de brume
Merveilleux et si loin
Sortilège depuis toujours

      Sur tant d'années, de temps
      Au seuil d'une pluie en miroir

Le village possède-t-il ce sentiment
D'existence précaire ou dérisoire
Si longtemps aux doigts des fées
Si fragile au cœur éphémère

      Empilement de mémoires
      Au seuil, là où naît l'illusion

Un village renaît toujours de nos cendres
Habité de l'onde de ses fantômes
Au voyage insensé
A la vibrance des consciences

      Phrases arrachées à la terre
      Vous n'êtes que nos phares sans l'ultime concession

Peuple de larges songes
Aux âges marqués d'infinitudes
Peuple d'empreintes de lumières
A seules marier l'obscurité

Je me souviens

Suis-je encore l'un de vos rêves ?

Bibs en tête

Nous sommes au pied de la bibliothèque. Le chemin a été long et accidenté. Comme d'habitude, malheureusement. Inutile de s'apitoyer, on a du boulot pour toute la journée.

Les escaliers sans peine et l'entrée franchie

Impressions identiques à chaque fois

Subtiles, imprécises, comme le fantôme inversé de toutes les visions

De toute une pharmacopée de revenants

Personne, évidemment. Les ombres y ont élu domicile.

Mais on a l'habitude. Ce sont presque des amies.

Chaque bibliothèque est unique en soi, et même si les modes de gestion ont des différences, elles ne résistent pas bien longtemps à nos investigations. Des centaines de lieux sondés, appris, vus sous les angles les plus imprévus. Une certaine habitude est nécessaire pour éviter de perdre trop de temps. Il nous en est décompté un peu chaque jour. Alors nous nous mettons en quête de nos secteurs. Et ceux-ci bien enracinés dans nos consciences, nous lisons, nous lisons, nous lisons.

Pourquoi lire dans un monde déjà trop loin ?

Sauver, protéger, éviter

Approche du néant sorti tout droit de nos vaines hystéries

Aurons-nous terminé ? Question que beaucoup nomment primordiale. Pas nous. Trop déstabilisant. Chaque ouvrage, chaque document, a son identité propre, que nous devons envisager comme un ensemble cumulant plusieurs dimensions. Chacune d'elles étant un point d'ancrage pour de futures investigations.

Donc, y a plus qu'à !

Chacune, chacun trouve ce qu'il cherche, s'installe comme il préfère, assis, en marchant, couché.

Prendre ce qui vient
Sans vouloir ni refouloir
Emmagasiner dans nos magiques petites cervelles
Le fin du fin. La fin en finition
Tout le reste a volé en éclats de particules
Mémoire de fantoches ou de ce que l'on voudra
La terre a décrété, cela seul a suffi

A vouloir jouer, déraciner, ratatiner, piller, abuser, démanteler, et de tout ce qui se rattache de près, de loin, à l'absolu de la crétinerie, voilà le travail, sœurs et frères. Que reste-t-il de cette planète ? Un rien du rêve qui se délite de jour en jour.

Et quand toutes les mémoires autres qu'humaines décidèrent avoir été trahies, ce fut comme un signal, une prise de décision, de retour sur soi-même. Alors, la terre s'ouvrit, se referma, s'ouvrit encore. En langage clair, la terre dégueula, nous vomit dessus. Dedans, dehors, on ne tarda pas à comprendre. Entre bien et mal, ou entre moins fuyants, entre construire et déconstruire.

Et je ne dis pas détruire, mais déconstruire. Ce qui est sans doute pire, car conscient. Prendre le construire et le décomposer en infimes particules pour être sûr (du moins le croire) de le rendre inapte à une nouvelle plénitude. Car création serait-il plénitude ? En soi, pourquoi pas.

Notre planète est foutue… pour nous.

Elle s'en renaîtra au doux filet du temps
Dans l'ombre d'une énième métamorphose
Peuplée de l'infime soupir
De la plus petite goutte d'existence
Jusqu'à s'élever encore et de tous les temps
Toujours… Et sans nous
Surtout sans nous

Et nous, à ingérer des bibliothèques à force de journée. Nos mémoires comme seules garantes d'un réseau rayonnant au hasard. A courir des endroits souvent abandonnés, ou à moitié écroulés ? Nous sauvons, nous protégeons, nous évitons l'approche du néant né de nos propres hystéries. Et de plus, vous vous êtes tous barrés. Bientôt sera notre tour. Pas quand le boulot sera terminé, il est sans fin. Il y aura toujours dans un fond perdu un centre de doc à insérer dans notre sac à dos. Tout simplement, le jour où ce ne sera plus tenable, il faudra bien penser à récupérer les dernières traces vivantes qui se traîneront, lamentables, sur la surface d'une planète qui l'est tout autant.

Avec au loin de nos tripes, la peur. Pas celle qui se lit au fil de nos pérégrinations. Non ! Celle, limpide, cruciale, sans l'ombre de la moindre échappatoire, de celle qui rampe à la limite de nos envies de vomir. La peur en seul soutien, le reste ayant lâché prise il y a déjà trop longtemps. La terreur d'une nuit d'enfance clouée pour l'éternité, le ventre noué en ecchymoses de chagrin. Sentir que chaque jour est au-delà du dernier, que ce qui soutient nos pas, notre déraison même, fout le camp par tous les pores de nos destins. Avec, en exergue, l'horreur que sans elle, ce serait le vide absolu. Elle n'est plus que notre bâton de pierre. Sans lui, la chute irréversible vers l'oubli, la mort de la mort. Même une infime molécule n'a pas la plus petite chance de figurer au palmarès d'un truc passé, appelé le vivant. Alors, inutile de préciser dans quel mixture l'on surnage.

> Eh toi, bibliothèque de l'avant veille
> Mélancolie de tes travées hirsutes
> Circonvenue au requiem de mon cerveau
> Rien ne m'est inconnu
> Je sais de toi ce que je sais en moi
> Un vertige d'infinitude
> Une branche d'incertitude ouverte à nos sens
> L'avenir ouvert à d'autres façons
> Et nous, nous, nous…

Nous, nous attendons le départ. La situation s'est encore dégradée. L'air que nous respirons donne l'impression d'avoir été dégueulé par les cieux. Ceux-ci ont un côté de perversion absolue, mariant mégalomanie des profondeurs à un déchaînement gazeux à côté desquels les œufs pourris sont un enchantement. Autrement dit, c'est le moment. Celui que l'on appréhendait sans oser en parler. Gardant pour nous, comme un dernier souvenir, l'ultime regard, fait de sons, de goût, de dégoût, de toucher, de ses choses infimes dont on a rien eu à foutre de toute notre vie. Mais qui aujourd'hui, nous font chialer. Partir pour vivre, quémander pour survivre. Ou vivre pour rester, autrement dit crever pour ne plus survivre.

Et que feront-ils de nous, là-bas, là-haut ? Nous fourreront-ils la tête dans un super ordinateur, histoire de récupérer les quelques centaines de bibliothèques que l'on a pu récupérer ? Et après, de nous ? Deviendrons-nous des traîtres en attente ? Si c'est pour toujours faire d'un mariage forcé savoir et pouvoir, alors c'est sûr, c'est peut-être nous qui nous sentirons trahis. Comment savoir dans quel sens cela repartira ?

Y aura-t-il plusieurs chemins ?
Il y a toujours pléthore de chemins
Y aura-t-il plus d'un choix ?
Suffira-t-il de les voir ?
Des questions comme autant de prisons
Tout cela, bien ailleurs

Y élire domicile. Comme si l'on allait voter. De quel droit, de quelle envie ? Et élire qui ? Il n'y a que lui. Un peu léger, non ! « Est élu à la majorité des voix, le père domicile. Allez-y ! Jetez vos ancres, montez vos murs, criez aux quatre horizons que vous êtes là. »

Et si c'était le domicile qui élisait ses habitants ? Pensée hérétique.

Non décidément, plus envie de partir. Rester pour vivre peur sur peur ? Pas idéal.

Refaire confiance, encore et encore et encore ?
Ferons-nous tête haute à l'aube des conneries nouvelles ?
Ou poserons-nous simplement nos pieds quelque part...

... En remerciant le sol de les accepter ?

Répit dans l'infini

Vision éphémère en sortie de naguère
De tant de choses ratées, mutilées
D'une vie sans visage, qui se jette
A l'affût d'elle-même,
Sur elle-même
Tant de pierres, tant de peurs
Lancées sur tes semences d'ensemble, de plaisir
Plaie ouverte à ma vie
Déchirure brutale en ta vie
Que de tant de refus naisse un cri
Si petit soit-il
Si gigantesque à devenir
L'espoir étrangle de lumière et de vent
De temps et de silence
D'absence de non-attente
Du fond de mon histoire, te vider de ta vie
Et à chaque fois en naître quelque part
Torturé de te savoir saccage, désertion, mutilation de toi-
        même
Ton pardon, ta vie, sont-elles à la portée de tant de nuits
De tant de moi
Regarde-moi de tes yeux, de ta peau, de toi
Tant de mes yeux, de ma peau hurle à s'éveiller
Tu m'aspires vers ta vie, à la vie, à ma vie
Tu vibres à chaque souffle de tes lèvres
Tu es déchirure à chaque silence de ma peau
Apprendre à bouger sur trop de tes souffrances
C'est renaître du cœur même de l'intolérable
Te donner ce que j'ignore de moi

Ce soleil à devenir, l'aurore de mes mains
Mes silences au vent, mes peurs aux chimères
L'heure où nos cieux s'épousent
Comme une voile si près du large
Au simple mépris
De nos horizons

L'odeur de nos mémoires

On laisse toujours un peu de soi
Sur un mur, sur l'usure d'une porte
On peut partir aussi loin que l'esprit s'imagine
On reste toujours quelque part
Il n'y a pas de départ sans laisser
Ce peu de poussière de soi
Qui marque le temps
La sueur des murs ne s'oublie pas
Elle traîne au fond des vannes
Déverse sa vérité sur l'image
Il n'existe pas de port abandonné
L'air y respire de nos sentences
Les marches de nos âges sans répit
Nous rappellent que là où règne le silence
L'ombre de nos paroles engendre l'émotion
Nos regards ont imprégné sans cesse
Chaque parcelle de nos sensations
Qui est devenue mémoire
Chaque miroir de notre compréhension
A laissé une infime partie
De nos sueurs d'antan
Comme un mirage dissimulé
Accroché sur chaque vitre
Chaque centimètre de carrelage
Ombre de chaque pas
Mélange infime de nos souffles
Nous sommes le temps éternel
De chaque lieu adulé
De chaque pierre enchâssée dans le mur de nos mémoires

Vers quel sourire l'on se dirige
L'écho de nous flotte en nous
Flotte en eux
Rien n'existe plus que quelques flocons dénudés
Échappés de ces secondes ancestrales
Nos cieux soudés à ces murs
Vrillées telles des larmes sans attache
Nous nous aimons
Mais oserions-nous sans les silences oubliés
Nous marchons toujours
Deux incertitudes sans sommation
Chaque fenêtre devient vitrail
Le souvenir de nos mains posées
Chaque départ comme une croyance
Nous attire dans l'illusion
Que savons-nous de leur mémoire ?
Nous nous évaporerons en si peu de lumière
Mais eux…
Se souviennent
…de nous

Baccalauréat extraterrestre

Le professeur s'incline devant ses élèves, en évitant soigneusement de se mélanger les tentacules. Ses yeux multiples parcourent les alvéoles. Bien, tout le monde est à sa place. Il tend son cou d'un mètre supplémentaire afin d'échauffer ses cordes vocales.

— Bienvenue à cette dernière épreuve de notre baccalauréat. Voici sans plus attendre la question sur laquelle vous allez devoir vous pencher :

« Préciser avec forces arguments quels chemins peut prendre une civilisation galactique ayant pour principes ces deux axiomes :

1 - C'est pas comme ça qu'on fait !
2 - C'est la faute à qui ? »

Vous avez 3 cycles temporels.
A tout à l'heure.

Les différents textes issus de cette étude peuvent être consultés à la bibliothécum galacticum, à la rubrique « Études approfondies des mœurs inattendues de l'anneau galactique ». Chaque appréciation n'étant qu'un tissu de l'imaginaire, nous nous excusons d'avance d'une éventuelle ressemblance avec un quelconque passé, présent ou futur.

De toutes façons, un truc comme ça, c'est vraiment pas possible...

Paroles

Respire les marées de tes paroles
Les mots transits de l'émotion
L'ultime magie blanche

Dans les misères analphabètes de tes rites quotidiens
Sur les marques goudronnés aux rives de tes angoisses
Je te regarde quémander le passage
Pour des pensées articulées de silence
Les jours se suivent et te dépassent

Même tes masques ont des œillères
Seule la parole a sa chance

La tienne

Sur la branche d'un anniversaire

Je suis fier
A mon âge, souffler tant de bougies
Surtout le jour de mon anniversaire
Accumulation de cadeaux
Déstructuration de gâteaux
Et l'année passe
Anniversaire sur anniversaire
Cela devient de plus en plus facile
Inspirer, souffler, et la flamme devient fumée
Un rite, une institution
Et toujours nombre de cadeaux
Et toujours aussi fier
A se demander si des bougies ou du gâteau
Enfin, on connaît la suite
La quintessence du temps
Ultime recours vers l'autre
Souffle les bougies
Année qui file sur le lierre de nos yeux
Profondeur d'un souffle aussitôt épuisé
Visage rivé aux antipodes
Anniversaire sur soi-même
Sur lui-même
Petites bougies se replient sans un regard
Jusqu'à disparition
Anniversaire, tu me tiens
Haut voltage d'une destinée
Bougies en overdose
Sacrifices en boucle
Névrose de l'instant

Et surtout ne jamais oublier
Que l'inverse n'est que le repli de la raison
Les bougies en cadeau de naissance
Progression d'année en anniversaire vers le zéro absolu
Mais je parle, je parle
Excusez-moi, je dois vous laisser
Aujourd'hui, il se peut que ce soit mon anniversaire
Et l'on m'attend
Je vais souffler la bougie

Désastreux de se coucher avant l'heure

Valse du néant dans la candeur d'un printemps
      Desséché
Échange parcellaire de mots doux
      Voyage
Voracité de la peur en sachet
      Visage
      Envisage
Chronologie de l'incertitude
      Encensée

            Je marche sur un cri
            Je pleure avant l'heure
            Je dévore l'ombre
            Je suis…sur un cri

Parade en gouttes de temps
      Si loin
Mystère et magie prohibée
      Temps perdus
Réverbérance en agonie
      Meurs de l'ombre
Soulèvement en envie
      Que de bruits

            Je pleure sur un cri
            Je marche avant l'heure
            L'ombre me dévore

Bon, je me lève…

Escapade en bibliothèque

Il faut bien le dire, la bibliothèque, la nuit, était devenue un vrai foutoir. Plus de 200 fantômes y avaient été comptabilisés. Et encore, en oubliant ceux qui restaient planqués. On redoutait de découvrir les locaux le matin. Mais nos invités étaient bien élevés et ne nous donnaient pas trop de boulot ; quelques ouvrages à réinsérer dans les rayons, rien de plus. Tout aurait pu continuer comme cela, mais la nouvelle s'était échappée de nos murs. L'administration centrale s'était d'abord émue de notre sort. Mais découvrant que l'on s'éclatait bien, avait changé de point de vue. Il était inadmissible que l'administration soit bafouée de la sorte par une bande d'apparitions,… sorties d'où d'abord ? Et ce qui devait arriver nous arriva sous la forme d'un enquêteur de seconde catégorie (n'exagérons pas !).

Et là, il faut également bien le dire, la situation commença à nous échapper. J'entends par là, qu'avant, elle nous échappait tout autant, mais ce n'était pas grave. Et quand l'enquêteur sus-nommé fut retrouvé la tête tranchée, un froid fut secrètement lancé. D'autant qu'une traînée sanguinolente d'une dizaine de mètres, montrait qu'il avait lutté. Et miracle de la volonté de survie, s'achevait au pied du rayon médecine.

Et depuis ce jour, adieu paix royale, boulot bien rodé, et café sucré. Allez savoir pourquoi, on nous avait interdit le sucre. Et que défilent inspecteur, nouvel enquêteur (de première catégorie ; la profession ayant été fortement vexée), secrétaire, direction, secrétaire de direction, direction secret de secrétaire, etc, etc...Sans compter tous les tests possibles et malheureusement imaginables. Il y avait des appareils, détecteurs et câbles dans tous les coins. Ce qui conduisait inévitablement à des commentaires du genre : « Bordel de merde ! » et à la chute inexorable d'un bon paquet de bouquins.

    La décision fut prise un matin de décembre, qui on le sait, est un très mauvais mois pour prendre une décision. Mais prenant le courage du voisin à grands coups de pied dans les fesses, il fut décidé de nous envoyer un BIBLIORCISTE.

    La nouvelle nous fit l'effet d'un bombardement d'anti-particules surgissant d'un passé à oublier. La dernière fois que l'on avait fait appel à un bibliorciste, même si cela remontait à plus de trois siècles, ce fut un carnage. Cinq morts, deux disparus, des dizaines de blessés, des dégâts matériels inconcevables. Enfin bref, un sacré bordel !

    Bon, d'accord, je ne l'ai pas dit. Nos fantômes n'étaient autres que les spectres des ouvrages récemment passés au pilon. En quelque sorte recyclés en essuie-tout, kleenex et autres pq. Intolérable pour tout livre ayant un minimum d'amour propre.

    Le sauveur nous arriva un beau matin. C'est fou le nombre de trucs qui nous arrive le matin. On le vit marcher de long en large, arpentant la bibliothèque au nez des usagers qui se demandaient, et surtout nous demandaient qui était ce sombre héros des temps modernes, se déplaçant de droite et de gauche, et foutant le tournis à tout le monde ? Vêtu de noir des pieds à la tête, on aurait dit une chauve souris en manque de GPS. Mais il fendait l'air le visage fermé, comme chargé d'une mission définitive, dont il avait tout oublié.

Ses conclusions furent sans appel, il faut bibliorcisé. Et ce plus d'une fois si nécessaire ! La bibliothèque est donc fermée pour cause de travaux.

Et le jour arrive enfin.

Il faut cependant préciser en quoi consiste un bibliorcisme. Ce n'est pas l'acte en soi qui importe, mais les conséquences qui en découlent. Un bibliorcisme ne se contente pas d'un : « Eh du con, casses-toi de là ! ». C'est un monde tout à fait à part qui chevauche deux entités parapsychiques. Comprenons nous bien. Il ne s'agit pas tant d'appréhender une nouvelle dimension méta-chose, que d'éviter de se prendre un incunable en pleine figure. Car la fonction principale d'un bibliorcisme est d'ouvrir des portes. Et pas question d'entrée sortie, c'est on ne peut plus anarchique. Et là se situe le coeur du problème ; maîtriser les sorties en évitant les entrées. Car allez expliquer à une bande d'incunables mal reliés qu'il serait de bon ton de rester chez eux. Rien à faire !

* * *

Lundi, Quatre heures trente au petit matin juste avant l'aube.

Un individu. Mais en est-ce vraiment un ? Disons, une chose mouvante à gueule furibonde se déplaçant comme s'il venait d'inventer ça. C'est à dire à se prendre les pieds dans toutes les étagères, mais avec une élégance et un raffinement qui frisait la folie furieuse. Les bras levés, les jambes en saut de carpe, il lançait incantations et déclamations aux quatre vents de la bibliothèque.

Après la surprise initiale, le phénomène d'accoutumance se faisant jour, l'on en vient à se dire qu'on le regretterait. Mais la vie étant ce qu'elle est, et la mort s'y servant comme si le rab était gratuit, rien ne se passe évidemment comme prévu. On le retrouva le jeudi en début d'après-midi, éparpillé à un point tel que son pronostic vital n'aurait eu aucune chance au loto.

L'administration, après un moment d'hébétude bien compréhensible, décida de se relever de ses cendres. La décision étant prise, elle fut donc remise au lendemain.

* * *

La nuit, dans sa tendresse toute professionnelle, s'étend à l'instar d'une bonne vieille couette et attend sereinement la suite des événements. Ceci pour la partie poésie de cette histoire.

Mais ce fut au petit matin que l'on découvrit le message. Fixé sur un montant à l'aide d'un chewing-gum usagé, le texte peut se traduire ainsi (bien obligé, l'orthographe des revenants étant du même acabit, c'est à dire bien poussiéreux, pour rester poli) :

« Si vous n'avez plus de petit rigolo à nous envoyer, on va peut-être pouvoir causer... Nous, spectres, fantômes, odeurs putréfiant à loisir, avons le plaisir de vous faire parvenir cette requête issue d'un profond chagrin. Chaque année que dieu fait, vous semblez prendre un malin plaisir à détruire dans d'obscures souffrances, nos sœurs et frères qui, selon vous, seraient périmés. Cela suffit et ne se peut. Diplomatiquement écrit, vous faites chier ! N'avez-vous pas la moindre empathie pour celles et ceux qui font de vous la part la plus noble de ce que la création a bien voulu vous laisser. Est-ce vous qui laissez en héritage à votre descendance le fait que un et un égale deux, ou plus simplement que la tangente équilatérale d'un spectre hydro-magnétique à gestation tubulaire puisse valoir autant que la moindre connerie qui vous passe par la tête ? Non, sans nous, passeurs du savoir, vous reviendriez toujours au point de départ. Sans parler du fait que vous nous avez utilisés, manipulés, sans le moindre scrupule. Et ne faites pas semblant de ne pas comprendre. Vous êtes assez ridicules comme ça. Combien de cadavres avez-vous fait passer par l'entremise de nos pages ? Jamais eu l'idée de compter ? Bien trop hypocrites pour cela. Et comme vous semblez ne pas comprendre, nous nous sommes permis d'hypothéquer votre avenir. En conséquence de qui et de quoi, si vous ne répondez pas à nos exigences, nous réveillerons la belle au carré. Que Dieu vous soit clément et joyeuses pâques. »

  Le silence s'abat le long des travées. Que l'on ne demande pas comment fait un silence pour s'abattre, cela doit faire partie intégrante de la convention décrivant les silences comme des sons n'en faisant qu'à leur tête, et de préférence sur celle de la voisine. Donc, s'il veut s'abattre, que grand bien lui en fasse. Petite parenthèse : d'où l'importance des silences dans la musique ? Bon, je m'égare…

  — Bon, ben, on n'est pas dans la merde !

  Les regards se tournent d'un commun accord.

  Enfoui dans un fauteuil qui avait connu des jours plus ensoleillés, le vieil Antoine semblait gérer le monde. Effet secondaire dû au fait qu'il n'avait pas ses lunettes. Cette absence revue à la baisse, nous nous assîmes en cercle pour lui faire face, et recevoir cette sombre vérité :

— Que celles et ceux qui sont par terre, prennent des coussins. Vous finirez par avoir mal au cul.

Antoine, ci-dessus nommé vieil Antoine, principalement par le fait que c'était vrai, était le plus ancien employé de la maison. Il en avait connu, l'Antoine. Peut-être qu'il en avait pas mal fait lui-même, allez savoir. Néanmoins, quand il l'ouvrait, on la fermait. Principe des vases communicants. Et puis écouter les conneries des vieux n'est-il pas le sel qui fait baver les jeunes générations, surtout quand les rayons du soleil couchant font une couche de lumière irisée sur le dos des ouvrages des rayons paléontologie et chimie (les seuls orientés plein ouest).

Et de toutes façons, on aime les vieux, les jeunes, ...et les conneries.

— Je répète donc...que la merde nous accueille avec bienveillance. Car, bien sûr, la belle au carré, ça ne vous dit rien ?

Devant un silence révélateur, le vieil Antoine s'allume une clope et lâche la vapeur.

— Ça fait un sacré bout de temps qu'on n'en a pas entendu parler. Faut vous tenir au courant de l'évolution des légendes et contes urbains. La belle au carré, ou moins souvent dénommée belle à la puissance deux. En fait, il ne reste pas grand-chose de sa véritable dénomination. La belle au hautbois dormant, voilà qui elle est. Et j'insiste sur le présent. Car même endormie, elle n'en est que plus vivante. Et pourquoi au carré, belle au haut, deux o, au multiplié par haut, enfin vous comprenez le principe. Bon, ben, si elle revient, faudra faire avec. Si vous voyez ce que je veux dire. Évidemment, personne ne voit. M'étonne pas ! Allez, un petit cours d'histoire de l'ombre des réalités ne vous fera pas de mal.

Bien que tout le monde en ait envie, on évite d'applaudir, car c'est évidemment là où l'on voulait arriver. Écouter l'Antoine , c'est comme renaître à la vie sans avoir rien demandé, c'est comme y être sans savoir où, et n'en avoir rien à faire, c'est comme une crème glacée sans épinard, c'est le pied d'une fin de journée allongé à l'ombre d'une étagère d'algèbre linéaire. C'est l'orgasme littéraire assuré...Bon, on y va.

— C'était un temps d'avant sa conception, tellement lointain que certains se demandent même si le monde était monde. Une époque où seulement deux entités existaient de par notre vaste planète. La belle et...un bistrot. L'entente fut si parfaite que le temps passa sans se faire remarquer. Cependant, à un certain moment par trop indéfini, la belle finit par s'endormir en oubliant de programmer la case réveil. Faut bien dire que bourrée comme elle était...Et depuis, plus moyen. Nombre de prétendants se sont bien présentés, mais au moment du baiser salvateur, l'haleine de la belle leur fila illico une cirrhose carabinée, comme pour dire : « Je t'ai demandé quelque chose ?

Et au moment où la légende allait abandonner la partie, la belle se réveilla et hurla : « Donnez-moi un hautbois. » Depuis, il est formellement interdit d'essayer de la réveiller, et ce par quelqu'artifice que ce soit. La belle se jetant aussi sec sur son hautbois, et alors, alors... Sachez que la fin du monde n'a nul besoin de prélude. Néanmoins, certains ont passé outre, et la belle de se réveiller,…, pour les accueillir par des « Casse-toi, connard ! Le jour où j'aurais besoin d'un paumé dans ton genre, je passerai une petite annonce. Et en plus tu pues !!! » Et le hautbois de venger la tranquillité outragée de la dame.

Les pertes humaines et inhumaines furent inconcevables, ce qui évita de trop y penser.

On aurait pu croire qu'elle avait disparu, depuis tant d'années. Faut arrêter de prendre ses désirs pour le réel alité. Donc, si la belle se ou est réveillée, ce qui revient au même, ce sera un larsen de hautbois dans les grandes largeurs.

On n'a aucune chance. Et les sourds, c'est peut-être encore pire. Ils n'entendent pas, mais ils devinent. »

Le silence s'installe, chacune et chacun tendant l'oreille, au cas où. Mais point de musique à l'horizon.

Dans le fond de la salle, une petite voix chuchote, nous ramenant illico au sein du réel : « Au fait, c'est quoi leurs exigences ??? »

L'Antoine lève les yeux de son mégot :

— Ça , j'en sais rien. Et je vous jure que Ça, Ça m'inquiète.

* * *

Il existe un vieux proverbe, qui dit à peu près ceci « C'est pas parce que les ombres s'endorment que les chats ont le droit de péter dans les coins. »

Vous me direz que cela n'a rien à voir avec ce qui nous préoccupe, ce fut exactement notre réaction quand les sus-dites exigences arrivèrent. D'abord, on peut se demander par quels chemins des revendications issues d'outre-monde peuvent bien arriver. Et bien oui, on se demande ! Et j'avoue humblement, que nous, on s'en fout !

Textuellement, cela ressemblait à peu près à ceci :

« Voici en termes adéquats la liste mûrement réfléchie et applicable dès que le fer à cheval le pourra, pour ne pas dire que faire se peut qui semble évidemment en manque de relief, voici donc, disons-nous cette liste tant attendue, et...Bon, ben voilà ! Tout d'abord, fin du pilonnage. Cette pratique issue d'un temps barbare, que rien que d'y penser devrait vous faire vomir. Donc, stop, barre ailleurs toute ! Ensuite, tous les sus-dits ouvrages qui, du jour au lendemain deviennent indignes de vos nobles personnes, nous seront remis en mains propres. Et ce en vue de la création de la première, de la merveilleuse, de la véritable et vénérable bibliothèque spectrale, fantomatique, et au-delà si cela se peut. Ensuite, vous serez chargé de la publicité pour donner à l'événement l'attractivité qu'il mérite. Ce qui signifie :

- accès gratuit et libre à qui le souhaite, vivant ou pas.
- prêt à volonté de tout sauf du personnel
- Petit pain offert à chaque nouvel adhérent

Naturellement, vous serez chargés de gérer les actions et réactions de vos supérieurs qui, à n'en pas douter, ne verront pas d'un œil charitable qu'une bande d'ectoplasmes, de plus décédés, viennent mettre une nouvelle dimension dans la gestion universelle de la bibliothéconomie.

* * *

Et le temps passa.

Ce qui entraîne inévitablement une suite de questions :

- Où passa-t-il ?
- Et qu'y fit-il ?
- Pourquoi n'a t-il pas envoyé de cartes post-ales ?
- Sait-il seulement écrire ?
Etc...etc…

Néanmoins, tout se passe pour le mieux dans la meilleure des bibliothèques. On fit la connaissance d'entités inconnues, toutes plus sympas les unes que les autres. Autrement dit, la cohabitation battait son plein. Et du coup, bien sûr, on en oublia de jeter un œil dans le rétroviseur. Car, les hautes instances ne nous avaient pas oubliés. Pensez-donc ! Une bibliothèque bien implantée dans le réel, avec un personnel bien vivant, des documents qui tiennent dans la main, et tout ça en train de flirter allègrement avec une bibliothèque issue des brumes d'un ailleurs même pas défini comme le doit tout ailleurs bien éduqué. Non, cela ne pouvait durer. Et le coup arrive, sans prévenir, et surtout, fourré de chez fourré. Et ce sous la forme d'un document tamponné recto verso dessus dessous.

Il y était question d'interdire sous quelque forme que ce soit toute littérature, tout enregistrement, tout souvenir, tout rapprochement, tout du tout, enfin, tout ce qui se rapportait à la belle au carré. En gros, ils voulaient la rendre au néant. Vraiment pas sympa !

Néanmoins, et le vieil Antoine résuma fort bien la situation :

— Il y a du fourré sous le fourré…

Ce qui ne surprit personne. Mais le fourré en question nous sidéra. On peut dire qu'on ne s'attendait pas à un truc du genre. Par hasard, quand le hasard n'est autre que le copain de la cousine qui a une copine dont l'amant est le fils illégitime de son ancienne concierge qui a un copain, etc, etc... Donc, moyennant le fait que l'info ait pu subir des turbulences verbales, elle n'en fut que plus vénéneuse. Il y était question de pénétrer nuitamment dans l'outre-monde (pour le peu que l'outre-monde possède une nuit, mais on n'est jamais trop prudent), de substituer incognito le hautbois de la belle. De substituer si nécessaire la belle, en évitant de se prendre un pied où il ne faut pas. Et de planquer le tout dans l'endroit ultra-secret par excellence, ci-nommé on sait pas où.

La mythologie de la planète allait en prendre un coup.

Il faut réagir.

On se met à tourner en rond.

Ce qui fait bien marrer l'Antoine :

— Quand vous aurez fini, les jeunes, on pourra peut-être réfléchir à faire quelque chose.

On réfléchit, et plus encore. Certains même s'endorment.

Mais la décision est prise. Il faut sauver le belle, tout en évitant la cirrhose et le pied dans les c…

N'ayant pas de stagiaire sous la main, on tire au sort le volontaire.

Ce sera un ancien stagiaire. C'est pas bien fait la vie ?

Mais il nous faut faire vite. Certaines visites de personnages haut placés nous mettent la puce et la mite à l'oreille. Nous sommes espionnés…

L'expédition se lance en pleine journée, histoire de passer inaperçus.

* * *

C'est la belle qui a eu l'idée. Elle s'installe chez nous. Comme ça, pour la trouver, faudra la chercher ailleurs que dans l'endroit où qu'on croyait qu'elle était sauf qu'elle serait pas là mais dans un ailleurs à elle seule connu. Et nous, bien sûr.

Sauf que ! Et oui, faut pas croire qu'elle aurait pu l'oublier. Il était bien là, le hautbois . Tranquillement posé, à portée de mains. Bon, ce n'est pas que l'on ait franchement peur. Elle nous avait bien dit que l'on était copains ; et pas de hautbois entre nous. Mais le poids des légendes est tel, qu'un léger picotement se fait sentir quand le regard de la belle se pose sur son instrument.

Néanmoins, le plan a fonctionné. La vengeance fut terrible. Tous les responsables de ce projet insensé se virent inscrits de force à un stage de formation au maniement du hautbois. Inutile de dire que les demandes de mutation connurent une certaine recrudescence. L'on entendit plus l'administration durant un bon moment.

Et le temps glisse sur son tapis d'incertitudes.

La belle s'est trouvée une nouvelle occupation. Elle gère les relations entre nos deux bibliothèques, le hautbois en travers de ses épaules. Ce qui signifie que tout va bien dans les meilleurs des mondes. Y compris pour le vieil Antoine qui refuse mordicus de partir à la retraite.

— Vous déconnez ou quoi. J'ai vécu le bazar, j'ai vu et côtoyé des fantômes, j'ai fait copain copain avec la belle au carré, et vous voulez que je moisisse loin d'ici. Plutôt me coller le cul avec de la glu dans l'entrée jusqu'à ce que la fin des temps daigne arriver.

Ce fut la belle qui sauva la situation ; et l'Antoine par la même occasion. Une demande de plus en plus pressante émanait de la bibliothèque d'à côté. Le public de l'au-delà était en manque de contes et légendes, sans doute un effet inattendu, pour certain(e)s du trépas, pour d'autres d'une insatiable curiosité : « Et c'était comment chez vous ? ». Du coup, notre cher Antoine fut nommé « Raconteur de ces vieilles histoires qui en valent bien d'autres sauf que c'est à la veillée, etc, etc... ». Et comme si cela ne suffisait pas, recrutement assuré pour l'éternité.

* * *

Le vieil homme pose son regard sur l'auditoire. Personne n'a l'air de dormir, encore moins de somnoler. Il se lève, déploie sa carcasse, se rapproche des spectateurs. Dans le lointain, le soleil amorce sa descente vers d'autres horizons, déployant en arrière plan tout un amalgame de rouges, d'orangés, de jaunes... Usant de toutes les ficelles de son métier, il donne l'impression de s'adresser à chacune, à chacun, dans la part privée de son âme. Cependant que ses paroles sont entendus de tous.

— Je vous remercie d'avoir écouté ces histoires d'un autre temps, si ce n'est d'un autre univers, voire d'une autre dimension. Et pour terminer cette soirée, accueillons ensemble une jeune femme qui, bien que n'en ayant pas l'air, possède une expérience hors du commun. Que la musique soit. Et comme disait je ne sais plus trop qui. Peut-être moi d'ailleurs. « Que la légende engendre ce qui respire de plus pur en nos pays intimes. »

En tous cas, la jeune femme qui arpente la scène en tous sens n'a rien d'une légende.

Et son hautbois encore moins...

Sinusoïde des profondeurs

Il descend les marches une à une. C'est la méthode qui lui semble la plus appropriée. La tête dans le prolongement du corps, toujours, toujours. Les parois loin devant se resserrent. Illusion, évidemment. Point besoin de boussole, elles sont accrochées et pendent devant lui toutes les dizaines de marches. Il y jette un regard déjà rassasié. Elles finiront bien par disparaître. Les bouches de métro s'ouvrent çà et là, rien n'en sort. N'en sortira jamais. Ses yeux focalisent plusieurs directions en même temps. Il faut s'habituer. Il oublie l'idée de descente. Ce sont simplement des marches. Des ombres, soudaines, le dépassent, sans même un clin d'œil. Ses mains ! Oui, ses mains qui épousent les contours et se couvrent de poussière. Familiarité des échancrures. Il y a des niches qui semblent émerger du sol. Vides ! Sans aucune attente. Du silence en charge négative. Il s'éloigne encore, se mouvant avec l'aisance héritée de siècle en siècle. Dans le lointain, si l'expression a encore cours, il aperçoit une boursouflure. Comme un rejet, pustule décrépite voulant reprendre sa liberté. Circonspect, il s'approche doucement. La chose ressemble de profil ; oui, c'est ça, il n'y a pas à se tromper. Une machine à sous. Une vraie, une pure et dure. L'enfantement de la fortune en rêve pré-mâché. Accouchement illégitime. Villégiature d'ailleurs. Quoi qu'il en soit, machine à sous. Il s'accroupit pour mieux s'approcher. Se trouve ridicule et se relève. Il est maintenant tout près. Et la machine lui parle : « Transperce-moi d'une pièce. Si elle est romaine, ce serait parfait. Elles me plaisent tant. Et surtout, elles ne m'appellent aucun souvenir. » Il fouille aux tréfonds de ses poches. Désolé. Il regarde la machine. Une larme coule le long du métal argenté. Il continue. L'escalier lui semble plus large, ou est-ce lui qui se replie ? Allez savoir. Il croise des enfants jouant au foot. Il les observe. Ils crient « Atonijetu ! ». Est-ce pour lui ? De toutes façons, il ne comprend pas. Il s'écarte. Descendre, descendre, descendre ! Une prière, un exutoire. Ses mains sont le parallèle du mouvement de ses jambes. Il lève la tête. Des formations ressemblant à des nuages dessinent des reliefs imaginaires. Entend-il ces bruits qui, aussitôt, disparaissent ? Il s'enfonce au gré des marches de pierre. Et sans qu'il s'y attende, le sol se fait plat. Surpris, son corps l'exprime par un à-coup qui manque le flanquer par terre. Curieusement, ses membres s'étaient très vite habitués à ce nouvel exercice. Et le retour sur terrain plat lui semble une corvée. Autour de lui, le couloir est à peine plus large. Des figures se reflètent sur les murs, visages alignés comme autant de visions. Et, subitement, l'escalier, devant lui, surgi de l'espace vide. La seule différence est qu'il remonte. Il s'assied, dos posé contre la paroi, épuisé rien qu'à regarder. Il avait descendu une multitude de marches, durant des heures, et maintenant, grimper. Non, cela suffit ! Ses yeux ne peuvent s'empêcher d'épouser les premières marches. La curiosité ne l'a t-elle pas abandonné ? Avec un souffle de dépit, la réponse est négative. Un pied se pose sur la marche, sœur clonée d'une infinité d'autres. Il attend que la fatigue lui tombe dessus, mais rien ne se produit. Bien au contraire, tout lui semble facile, il monte sans effort ; comme si ses jambes avaient accepté avec joie cette nouvelle charge. Cependant, il préfère s'asseoir de temps en temps. Repos ou repousser le moment. Il ignore vers quoi ces marches le mènent, mais quelque part, un feu follet d'appréhension a donné signe de vie. Il se force à respirer calmement. L'escalier est le même que celui qui l'a fait descendre, mais à l'inverse. Des sortes d'images visqueuses se font jour sur les murs et semblent le narguer. Il reprend son ascension. L'idée lui vient que l'oxygène qu'il respire n'est que la suée engendrée par les parois, cela lui glace le sang. Et ce sont les tripes nouées qu'il escalade marche après marche. Mais tout se calme et le couloir retrouve une vision de lui-même suffisamment rassurante. Combien de temps ? Cette question devient primordiale. Mais, de suite, activée du fin fond de son être, l'illumination que cela n'a aucune, mais alors, AUCUNE importance. Et le silence se fait soudainement plus insidieux, tels des liens de barbelés. S'enfuir, fuir ! Où, quand, pourquoi ? Son ombre, car il vient à peine de remarquer son existence, s'arrache et se multiplie à l'infini. Son horizon explose, l'escalier plonge vers l'avant. Il se retrouve à genoux. Ses yeux s'emplissent du phénomène. La salle est spacieuse, surtout après l'étroitesse des tunnels. Et le sol ne comporte aucune marche, et de plus, est plat. Il se relève péniblement. Avance de quelques pas. Devant lui, immense, érigé à la verticale, un cercle de métal. Partant de son centre, deux aiguilles. Sur la périphérie, des caractères qui ressemblent à des signes. Et le tout comme dans un brouillard de transparence. Au-delà, il croit apercevoir des formes diffuses se déplaçant sur un lointain horizon. Il sait ce qu'elles sont, il prend conscience doucement du lieu où il s'échoue. Et l'embrasement de la compréhension le foudroie. Il recherche la position fœtale et tremble, tremble, tremble. Il se relève. Se donner le courage.

L'horloge gigantesque lui assène la vérité. Car, ce qu'il en voit, c'est le miroir inversé. Il en est à l'intérieur. De l'autre côté, des gens comme lui, presque, se promènent, agitent leur existence propre, ne se doutent pas.

      Le temps. Entité biologique, cultive ton jardin. Tu dois te nourrir, comme toute chose vivante voulant perdurer. Et nous, entités vivantes, rêvant d'au-delà en cadeau d'adieu. Non, mes amis, le temps en a décidé autrement. Naître, grandir sous l'égide de sa protection. Se retourner de temps en temps. Mais ne rien voir. Et soudain, passer de l'autre côté. De la rampe, du miroir, du temps, du temps, du temps. Villégiature définitive. Nourriture sans abstraction. Et si le destin a un sens, je fais la sourde oreille. Mais pour moi, c'est trop tard. Je ne me souviens pas. Avant, je comptais parmi les vivants. Maintenant, j'hésite. Mais je sais au moins une chose. Je plonge la main dans ma poche et dirige mes pas vers les marches. J'entame la longue descente. Je sors la pièce de ma poche. Commencer par essuyer une larme, c'est un bon début.

Premier virage à droite après apocalypse

Mes contradictions sont mes propres vérités
Au-delà de l'humanité, de l'inhumanité, de la manipulation
Derrière la barrière des questions
Refuser la réponse est plus qu'un acte de foi
Dans le brouillard, il n'y a pas que de la confusion
Par un acte de silence, la liberté renaît de ses mots
Quémander a toujours fait peur
Je suis sourd à vos rumeurs
Vos océans ont des saveurs de vomi

      Vous ne vouliez de moi qu'en humain de pacotille
      Les vents ont disséminé jusqu'à l'ombre des prières
      Les dames blanches ne passent plus pour si peu de vie

Je peux survivre à vos espoirs maquillés
Les portes des rêves ont crevé les guenilles
Vos propres peurs ne font que me terroriser
Que dois-je discerner au creux des miroirs ?
Vos regards figent mes pas
Et mes mots se font crevasses
Je n'attends plus l'instant d'avant
j'en deviens l'ombre pétrifiée
Et vos paroles se vident en silences desséchés

      Vous ne vouliez de moi qu'en humain de pacotille
      Les vents ont disséminé jusqu'à l'ombre des prières

   Les dames blanches ne passent plus pour si peu de vie

Que saviez-vous de mes mystères ?
Allégorie dénudée de ces vieilles blessures
Lisez-moi, lisez-moi…
Les destins ne sont que la brume de nos insuffisances
Il pleut aux contours de nos corps
Et vos pleurs s'écoulent
Les miracles soldés n'ont plus d'échéance

   Vous ne vouliez de moi qu'en humain de pacotille
   Les vents ont disséminé jusqu'à l'ombre des prières
   Les dames blanches ne passent plus pour si peu de vie

   Il ne reste que l'illusion des souvenirs
   Quelques flocons de neige comme de regrets
   Non, les dames blanches ne passeront plus

Les portes m'ouvrent les yeux

Vous vouliez que vos cris de douleur soient mes propres repères
Et vos larmes futiles m'abreuver de vos doutes
Que vos vies carnaval hantent mes certitudes
Et vos élans de peur m'assaillir de remords
Je n'étais que le pourvoyeur aveugle de vos cauchemars en dérive
Quémander vos salaires sans soleil au passeur de la peur
Et prier la pourriture sur le pas des chimères
Dans l'espoir que mon corps illusoire soit leur triste rempart

Vous vouliez que vos chemins sans âme soient mes propres limites
Et hurler dans la boue dérisoire la couleur de vos cieux
Que les rêves déifiés me poursuivent de vos cris
Et lâcher dans la nuit les contours de l'oubli
Je n'étais que pêcheur ignorant des regards sans retour
Sacrifier vos destins de naguère à l'ultime hérésie
Et croire que l'amour est un chemin de fuite
Dans l'ombre des paroles éphémères dénature le néant

    Et pourtant
    Je peux voir les cadavres que je porte en moi
    Le sang est noir et les ombres si vives
    Qu'y a-t-il de plus humain que de se voir
    Sans même le masque de la nudité ?
    Sans même le masque de la nudité ?
    Sans même le masque

    Quand mes jours et mes nuits me pousseront vers le dernier miroir
    Il n'y aura guère que l'horizon le dernier sourire
    Je suis là, libre de solitude, accroché à la peur
    Car le silence me prend la main et les portes m'ouvrent les yeux

Que les anges fatigués de l'ennui percent mes attitudes
Et les vents écrasés de vos nuits en oublient le silence
Que les temps se retirent et les marches respirent
N'espérer dans le creux des mirages que la plaie de vos rires
Que les terres en fusion traversent mon histoire
Les couleurs sanctifient vos espoirs sur des barrières de sable
Ravager les sirènes sur les dieux de l'image
Réveiller la poussière qui sommeille aux vagues de vos yeux
Vous cherchiez sur les traces de mes rêves les regrets de l'envie
Regarder sur les falaises de la folie la brume cherche ses larmes
Rien ne germe, ni ne vit, au sortir de vos doigts
Digérer les passions qui se meurent de vos gorges amères
Vous cherchiez mes visages éthérés au pli de la misère
Les fenêtres aux aurores vieillissantes enfiévrées de sueur
Le festin perverti de mes chairs falsifiées
Pour contraindre l'aube des mirages à rêver votre nom

    Et pourtant
    Je peux voir les cadavres que je porte en vous
    Le sang est noir et vos ombres si vives

Comme sur un écho

Deux individus, assis face à face, baignés de la lueur subtile d'un coucher de lumière.

L'un d'eux, visage sombre sur un regard qui pourrait faire peur s'il le désirait.

— Tu y penses toujours ?

Barbe hirsute rehaussé d'une paire d'yeux clairs qui auraient pu être rieurs.

— A chaque instant.

L'un d'eux respecte le silence ainsi entrouvert.

— Tu as encore le temps. Elle vient à peine d'arriver.

— Je sais, et c'est pas fait pour m'arranger.

— Évidemment, ça va durer un moment.

Perdu dans le lointain d'une autre vision.

— Comme s'ils ne pouvaient pas passer ailleurs. Faut encore que cela me tombe dessus. Merde !

La tête posée sur les mains, il regarde son compagnon.

— La dernière fois, ça avait commencé pareil ?

— Ouais ! Et j'ai pas fermé l'œil durant des jours.

— Pourtant, cela aurait pu être chouette...si seulement.

— Comme tu dis, si seulement

Regard comme aspiré.

L'un respire lentement, laissant son compagnon à ses méditations.

Dans le lointain, elle passe lentement, semblant vouloir étirer le temps.

— Et si j'avais agi autrement ?

— Tu veux dire, si maintenant j'agissais autrement.

Un sourire de complicité éclaire leurs regards. Aux antipodes, le soleil n'en finit pas de hurler.

Loin derrière eux, comme une respiration de milliers de voix, le silence plaide sa cause.

— Comment tu comptes procéder ?

— Déjà aller dormir. Paraît que ça remet les idées en place…

Mais il semble plutôt plonger dans un monde déjà passé.

— Tu te souviens de la première fois.

Visage sombre n'a nul besoin de répondre. Bien sûr qu'il se souvient.

— Leur arrivée. Cela me paraît si lointain. J'ai du mal encore à définir ce que ça m'a fait. Un mélange de pitié, de tristesse, et certainement l'ombre d'un espoir. Et puis j'ai accepté !

— Tu ne pouvais pas deviner.

— Seulement, je me pose des questions. Une démarche comme la leur…

Les souvenirs affluent à ses yeux. Marrant comme on peut se sentir très vieux. Que se serait-il passé s'il avait dit non ? Et inévitablement, la question et la réponse se présentent aujourd'hui sous ses yeux.

Visage sombre, qui semble être en liaison avec les neurones de son compagnon.

— Pourquoi veux-tu que ce soit la même chose ?

— Est-ce ma culpabilité qui parle ?

— Ce qui se passe en ce moment n'est pas forcément une copie.

Ne pas sombrer dans le piège des fausses ressemblances. Réaliser que le passé est peut être autre chose que l'antichambre du présent. Trouver ce chemin non balisé.

— Ils m'ont baladé entre espoir et désillusion. Chaque fois que j'apercevais un brin de soleil, ils faisaient tout exploser.

Ses yeux expriment le fond d'un chagrin de toute éternité.

— Il y a même eu des moments où j'ai cru en eux.
— Je sais. Comment aurait-on pu faire autrement ? Même la misère de leurs regards plaidait pour eux.

Barbe hirsute se lève, fait quelques pas, se rassoit.

Son compagnon a saisi l'instant. La décision est prise.

* * *

La planète sort de leur champ de vision. Elle n'est presque plus qu'un point dans le néant. Bientôt ce sera comme si elle n'avait jamais existé.

— Ils doivent pleurer ou me haïr.
— Je suis sûr qu'il y en a même qui comprennent.

Visage sombre lève les yeux.

— En me refusant à eux, qu'ai-je pu leur donner ?
— Ils finiront par comprendre.

Barbe hirsute contemple les cieux. Il pense à un vide soudain, comme une fleur délivrée de sa racine. Ils ont dû le maudire, quelle importance ! Ils continueront leur trajet, finiront par l'oublier. Peut-être qu'au détour d'une pensée, un vague souvenir viendra les hanter. Mais rien de plus.

Visage sombre revient s'asseoir, deux bières dans les mains.

— Sombres réflexions se perdent dans plis du visage.

Les vieilles plaisanteries n'ont rien perdu de leur charme. Une ombre de sourire s'épanouit sur des yeux fatigués.

— Tu as raison. Mais je ne peux m'empêcher de me mettre à leur place. Ils avaient entrevu un espoir, une porte de sortie, une ligne qui serpente vers l'horizon. Et moi, avec mes gros sabots, j'ai décidé de regarder ailleurs, de faire semblant. Je me demande jusqu'à quel point je ne ressemble pas à ceux d'en bas.

Son compagnon sent poindre la mire du désespoir.

— Ils t'ont aperçu au creux d'un espace-temps. Dur de les empêcher de penser que leur jour venait d'arriver. Seulement, en quelque sorte, ils te filent le boulot. Tu dois leur définir une ligne de conduite, leur fixer un horizon. Et comme si cela ne suffisait pas, on te demande de déterminer l'horizon de leurs pensées. Ils ne font pas la différence entre eux et toi, ils s'imaginent faire partie de toi, et en profitent pour se donner tous les droits.

— Tu as raison. Et c'est dur de ne pas vouloir leur trouver d'excuses, ou tout au moins d'explications. Et pourtant, dès que cela vient de moi, c'est parole divine et bonjour les manipulations. Quant à aujourd'hui, l'on attendait de moi une destinée.

Leurs regards se croisent. L'union est parfaite.

— Tu leur as donné bien plus qu'un destin. Tu leur as donné le choix.

Supplique pour évasion

Tu as pensé l'enfant aux songes écrasés
Dans ces nuits de muraille si bien alignées

Tu as pensé l'enfante à jamais privée du temps
Murmurant des poèmes sur un terreau de ruines

Tu marches comme s'exile la misère
Tu n'es que l'appât des morsures de la bête
Si loin en toi que le temps se sublime
En des lieux si froids et tellement reposants

    Pleure l'ombre d'un fantôme
    Dans cet inconnu au-delà des mots
    Les larmes ne sont que la naissance
    D'un tsunami de douleur

Tu as vécu cet homme entre le tu et le je
Se dispersant sur un univers d'immondices

Tu as vécu la femme quémandant la vie de si peu
Arpentant des souvenirs aux poussières de l'ébauche

Tu as aimé en deux avant de n'être qu'un
Tu as senti la mort bien avant que de n'être
Le soleil a gercé les débris des dieux oubliés
Sur un corps enlisé dans des rêves mouvants

    Pleure l'ombre d'un fantôme…

Tu as suivi le vieillard au regard de satin
Peuplé des mêmes pièges, des mêmes secrets

Tu as suivi la vieille d'une histoire jamais contée
Une errance épuisée dans les puits de l'histoire

Les questions sont des îles, les réponses, l'univers
Les passerelles plongent toujours sur le vide
Le néant est si doux au regard de son ombre
où renaissent en sommeil les échos des mirages

    Pleure l'ombre d'un fantôme…

Entre brume et dérive

Le brouillard est un canevas à déchiffrer
Une vision d'un futur à créer
Un appel vers le dehors
Il suffit de deviner
Et d'espérer

Le brouillard plus qu'un mystère
L'ombre qui enveloppe
La source bercée de l'oubli
Rien ne peut au-delà
D'une simple voile tendue

Paravent des ombres
Barbelés de la mémoire
Le brouillard
Terreau du souvenir
Se repaît des illusions
Ou du peu qu'il en reste

Visages secrets de la nuit
Éclairage voilé de l'absence
Le vent s'engouffre
Et la voile gonfle
Et le brouillard exhale

C'est le moment
De plonger... ou d'oublier

Le brouillard aspire et ne rejette jamais

Peut-être ne suis-je qu'un souvenir
Une vie à remplir

Mon nom ne peut être
Brouillard

Déraison en apesanteur chapitre 12

Laissez-moi avoir tort
Pulvériser cette tyrannie du « je sais »
Ma liberté se conjugue dans l'erreur
Dans l'oubli des instants conquis
Je nage dans l'avoir tort
Laissez-moi ce territoire vierge
Semence de la curiosité
Me tromper sur tout, sur rien
Comme une échancrure dans le néant
Le refus d'escalader cette falaise
Du bien savoir
Dictature du je et perte du moi
Les vagues de l'illusion comme autant de soleils
Variations de conscience en ombres chinoises
Vivre à côté est mon chant de paix
Mes ouvertures
Mon ultime recours
Voyages sans contrainte
Croiser un savoir pour un bout de route
Et le rendre à la lumière
S'en faire un ami
Loin du piédestal paralysé
Suant la peur et la tiédeur
« Je sais »… Sois mon compagnon de voyage
Simplement pour ce voyage
Et au moment de partir
Je te laisserai à d'autres
De mes mains que peut-il naître ?
Une ombre ?

Mais peut-être ai je tort
Alors, merci !

Paroles scellées

Nous marchons dans les rues essuyant nos visages
L'ombre des révélations précède nos pas
Et la peur rongeuse cicatrise nos cœurs
Car pour la première fois, je connais nos caricatures

Je nous ai vu un jour d'hiver assis sur le sol
Dans nos chambres, le froid gelait nos paroles
Je me souviens : « Nous sommes nus désormais »
Nous rejetons les meubles, sans oser quitter la pièce

Au sein de la ville, nous avons voulu procréer
Afin que nos images se projettent encore plus loin
Que l'héritage confié au fil du temps
Ne soit plus déchiqueté sur nos masques figés

Que ferons-nous quand les rochers escaladeront les montagnes
Les mers se perdront dans les couloirs du temps
La nuit et le jour à jamais confondus
Quel effet ça peut faire, dites le moi
De vomir le vide

Cependant, nous sommes les ombres au cœur de la dérision
Nos paroles murmurent dans les nuages du doute
Et si nous étions nos propres prophètes
Notre seul modèle, aussi effrayant soit-il

Mais rassure-toi

Nous ne sommes qu'une suite de mots
Aussi vides que l'écume de la vague
Nous jouons le culte des mirages
Et je ne suis qu'une poupée de révolte

Auto-stop matinal

Je voudrais que tu me tiennes la main
Comme un passage de silence
Que tu ne sois pas apeurée
Que tes larmes aient le goût d'un autre jour
Je peux bien avoir peur pour nous deux
Ce ne sera qu'un simple geste
Surgi de nos âges oubliés
Plus ancien que le seuil de l'humanité
Mais n'oublie pas
Quand tu lâcheras ma main
Une autre main m'aura saisi de l'autre côté
Et tu continueras
Et je continuerai
Car nous ne sommes peut-être
D'une crevasse en sommeil
A l'ouverture d'un autre rêve
Que passeurs d'un monde à l'autre
Et ta main dans la mienne
N'aura d'autre nom qu'humanité
Ne sommes-nous que des passeurs de fraternité ?
Quelle bonne raison pour mourir

Porte à porte , ou porte à part

Les portes se succédaient à intervalles réguliers. De droite, de gauche. Entrecroisement symbolique. Entre elles, une limpidité de brume, une auréole de soleil. Un jour d'hiver. Un jour d'été. On lui avait dit qu'une seule devait être ouverte.

Il y en avait tant et tant. Autant que de jours de sa vie. Chaque porte représentait un vécu de l'aube à l'aurore.

Soulagé du poids de la pesanteur à l'âge de 97 ans, cela lui faisait plus de 35000 portes. Mais il marchait comme on ratisse le silence. On lui avait dit qu'il saurait, que le doute n'avait pas sa place. Une image serait à même de le bouleverser. Il ne respirait que par le trouble de sa pensée. Vivace et vivant de nouveau.

Pesanteur et vélocité marquaient ses pas. Il regardait à peine de côté, laissant le temps guider sa marche. Quelle porte ouvrir ? La question ne l'obnubilait pas, semblant presque incongrue. Il n'y a pas de sens caché dans la démarche de cette vie. Un semblant de mystère sur ce mur d'éclosion. Les lumières explorent de nouvelles couleurs ; régurgitées d'un prisme différent. Boulevard des semences sur des millions d'instants égarés.

Curieusement le temps lui était encore accessible. Rien qu'un léger trouble, un soupçon au cœur de l'instant. Il ne percevait de la fatigue qu'un simple bourdonnement, comme pour lui rappeler d'où il venait, de quelle couche de glaise il était issu. Le sol était de rêve solidifié, chaque pas marquait la fin d'un instant, le trouble d'un bouleversement. Les portes devenaient des balises. Rien ne faisait de lui une étincelle en recherche.

Ses pensées s'ouvraient sur un extérieur encore inexploré. Le moindre mouvement s'accompagnait de sa propre lumière. L'inespérance devenue région oubliée. Secret torride d'une vie conçue d'elle même.

Les souvenirs s'enchaînaient en regards brûlants. Et non seulement leur image fugace, mais la nasse de toute les émotions ensevelies depuis… Chaque page de chaque livre engendre un univers. A chacun correspond une émotion bien particulière. Un instant devient un monde chatoyant de mystères.

Il ne peut s'empêcher de jeter un œil vers chaque porte. Est-ce celle- là ? Une autre ?

Étrangement, il s'en moquait presque. Il se sentait bien, soulagé. Oserait-il dire libre ? Quelle importance. Il portait tout un poids sans en ressentir le moindre décalage. Dans son esprit, vaguement, le souvenir d'une ouverture . Où ? Dans quel temps ? Vers quel miracle ? Sa marche se fait oisive. Une balade dans un jardin aux multiples infinitudes. Une envie d'aller au-delà, promenade ou promesse d'ailleurs.

Et soudain, sans prévenir, sans que rien ni de devant, ni d'après ne lui ait fait le moindre signe, le monde s'éclipse. Chaque porte engendre un seul univers. Mais tellement rempli de lui, qu'il se retient de respirer. Même les couleurs semblent en sommeil. L'émotion n'est autre que sa propre existence, ignorée, méprisée, oubliée. Mais si intense qu'il s'y noierait rien que pour en ressentir une seule seconde.

Ses pas le mènent. L'aura qui entoure ce monde s'est soudainement approfondie. Mais curieusement, sa vision s'en trouve décuplée. Les portes sont presque transparentes. Pas suffisamment pourtant. Ses jambes ne le font pas souffrir. Pourtant, il a l'impression de marcher depuis des années, devant autant d'années. Mais ce qui se cache derrière chaque ouverture, jour après jour, lui fait l'effet d'un renouveau caché, tenu secret. Pour qui, par qui ?

Et soudain, il sait. Comme sous l'effet d'un souffle lumineux. Il tend la main, qui se pose doucement, si doucement.

La porte s'ouvre.

Il entre…

* * *

— Ce jeu n'est pas un peu ennuyeux à la longue ?

— Nous n'avons eu aucun retour de ce genre.

— Y aurait-il moyen de faire évoluer les paramètres ?

— Certainement. A quoi pensez-vous ?

— Je ne sais pas. Quelque chose comme donner plus d'initiative à l'humain. Si au lieu de tirer au sort le numéro de la porte, on laissait l'individu vraiment choisir.

Le vendeur semble se replier dans une réflexion soudaine.

— Cela sous-entendrait tenir compte des desiderata de la personne choisie. Je pense qu'entrer ce genre de paramètre peut être déstabilisant à long terme pour le joueur.

— Vous avez raison. Ce jeu, si l'on n'y prend pas garde, peut devenir nocif à notre équilibre. Je pense que vous avez d'autres articles à nous proposer ?

— Bien entendu.

Funambule sur un fil,...mais lequel ?

La nuit a des nuances d'arrière-cour
Quand ils se jettent sur ton regard
Et se vautrent sur leur liberté
Pauvres anges désœuvrés, et se noient

Tu entres dans une maison blafarde
Les fumées s'accrochent aux murailles
Ils sont debout contre les pierres, éreintés
Les yeux arrachés de leur visage

      Regarde en eux, tu commences à voir

Le bateau fantôme a coulé depuis bien des années
Mais l'on s'obstine à l'amarrer au fond de nos esprits

      Regarde, les contours de moins en moins flous

Tu penses au fou sous les arcades
Abreuvant sa nuit sur tes silences
Il suffit que les mots rejoignent le néant
Et tu pourras enfin regarder la cité

      Des existences comme parodies du langage

Pourtant, cela fait déjà longtemps que tu ne reposes plus
A genoux sur le dos de leur colère
Et les fragments s'éparpillent
Mais jamais, jamais, ne colorent ta peau

Tu n'oublies pas, les vieux chevaux sont toujours là
Foulent du sommet de leur laideur
La tranquillité de tes paroles
Chaque fois que tu dis ne plus croire

      Parce que croire, c'est peut-être te trahir à toi-même

Maintenant, ils tendent la main
Leurs langues sont comme des anges qui pataugent
Et te disent une liberté à protéger
Où les prisons les plus subtiles sont celles où l'on ne peut pénétrer
Et quand tu ne seras plus la proie des événements

      Regarde, tu les vois maintenant
      Leurs griffes te cherchent comme des anges affamés
      Ta liberté est-elle à ce prix ?
      Tu me regardes en quête d'une réponse

      Je ne sais pas
      Je peux simplement te donner un peu d'avance
      Un peu…

Si on l'appelait la ville

Je sors du cabinet de la ministre. Ce n'est pas que j'ai du mal à mettre un pied devant l'autre, surtout assis dans le métro. J'aurais plutôt tendance à ne plus savoir remettre un mot derrière l'autre. Déjà que la convocation m'avait pas mal ébranlé, le contenu m'a proprement sidéré. Comment refiler le problème à son voisin en lui faisant croire qu'il s'agit de son propre héritage génétique.

J'ai accès à tous les documents concernant la ville, plans, décrets, divisions, subdivisions, modifications, films, bandes-annonces, etc...Enfin, rien ne m'est épargné. Toutes les portes sont censées s'ouvrir à l'énoncé de mon nom. Les péages m'ouvriront grand les bras.

Pourtant, l'entrevue n'a guère duré. Le temps est à l'économie.

L'étrange pourtant est présent, tapi dans l'essence même de son ombre. Je me demande bien ce qui pourrait pousser l'étrange à se configurer une ombre, ne trouve pas de réponse.

La question est simple. Elle a été posée en termes évidents qui sous-entendent que la réponse ne le serait pas. Et surtout, quelques regards placés sous quelques mots clés m'ont interdit d'en demander plus.

La puissance de cette première rencontre avec « une » membre du gouvernement m'aurait-elle troublé ? Peut-être, peut-être pas. Je n'avais pas été le leurre de mes sens. Ce genre de certitude qui ne s'appuie sur rien de concret, mais que rien ne peut faire douter. Notre chère ministre m'avait dit entre les mots : « Va, cherche, trouve, et discret pour la réponse ! »

* * *

Notre ville compte 5 253 850 224 habitants à ce jour et couvre les deux tiers de la planète habitable. Son développement s'est déroulé uniformément. Telle la fuite du robinet, la population fit tache et se répartit sur une superficie adéquate. Et ce durant un temps que l'on peut qualifier de « C'est pas demain qu'on verra le bout de la veille où ça a commencé ! ». Évidemment, ce genre de phénomène ne pouvait s'éterniser. Aussi, tous les gouvernements successifs s'attelèrent à la tâche. Celle-ci paraissait insurmontable. Et pourtant, par quel tour de passe-passe géopolitique la chose arriva-t-elle ? Nul n'a osé se prononcer. Cependant, la population se stabilisa et la ville, du même coup, cessa de progresser en tous sens.

Le gouvernement cria victoire, vit sa cote de popularité monter en flèche ; pas trop tout de même, restons humble.

Puis survint ma ministre ; ta ta ta, pour qui se prend-on ? Quelques plans de procréation bien goupillés, agrémentés d'un assortiment de lois et décrets, et l'affaire serait pliée. Et pour les quelques retardataires, l'ombre de sanctions bien rémunératrices ferait son office ? Désolé, mais non de non ! Un ministère s'insurge. Trop facile ! Surtout à une telle échelle. Au plus une ville s'agrandit, au plus les paramètres qui la régissent se multiplient de façon exponentielle. Et plus les interactions deviennent insaisissables. Voilà résumé le point de vue de mon interlocutrice.

Maintenant, me voilà seul avec mon lot de questions. Dont la plus courte n'en est pas moins la plus ardue : Pourquoi ?

Je découvre en apnée la profondeur des archives qu'une ville peut provoquer. Je me suis dit que pour un début, cela en valait bien d'autres. Seulement, l'ampleur de la tâche m'oblige à pondre une stratégie de recherche. La corrélation entre la montée de la population, le tissu socio-culturo-économique, et toutes les choses qui se produisent quand on n'en a nul besoin, va me servir de base de départ.

Quelques semaines plus tard, une idée assez précise de mon approche de la situation a fini par voir le jour. C'est tout simple, je n'y comprends rien, nada, pas la moindre petite parcelle d'un truc qui serait cohérent tout en me reliant aux racines du machin. Non pas que je patauge, avancer dans la brume serait plus juste. Disons que j'ai la sensation de nager à reculons. Bon, pour remonter le temps, cela peut aider. Mais à part ça !

Rien d'exceptionnel n'était sorti de ces milliers de documents, numériques ou pas, poussiéreux ou pas, triés ou pas, surtout pas… Rien qu'un simple aperçu s'offrant au premier venu, comme la partie visible, soupçonnant que l'invisible en rigole encore.

En vérité, la ville avait évolué aux aléas des fluctuations économiques, suivant une courbe ascendante, synoptique de déjà vu. Les infrastructures, communications, et bien d'autres s'étaient mises au diapason avec plus ou moins de réussite. Rien de transcendant n'en ressortait, explosait à la face de ma curiosité exacerbée. J'avais l'impression d'un manège proposant sans cesse le même itinéraire. De la quadrature du cercle, je commençais à bien appréhender le cercle.

Une réaction s'impose.

Je me mobilise en un soubresaut d'énergie, en appelant à cette missive que je m'adresse secrètement : « Si la ville ne vient pas à toi, va à la ville !...PS : n'oublie quand même pas que tu y es déjà. » Bon pour accord.

Donc direction ce lieu prédestiné juste sous mes pieds.

Arpenter, toucher, respirer, devenir comme une ombre, confident de chaque instant, du moindre déplacement de chaque pierre, lanceur d'alerte du grain de sable en dérive. Si la ville n'est que dureté, j'en serai sa poésie. Si elle perd le sens, je serai son rai de lumière.

Oh, oh, que le calme me redevienne sérénité.

Du coup, une énergie nouvelle s'insinue et se focalise au niveau de la plante des pieds. Une façon de me dire : « Tu vas en bouffer du kilomètre, n'oublie pas ton bâton ». Néanmoins, direction le centre historique. Ville crucifiée dans la ville, instigatrice autant que mémoire. Du contact velouté de ces pierres, j'attends peut-être...quelque chose. Même un rien ferait l'affaire.

De train en voiture, de métro aérien en souterrain métro, je me heurte à ce panneau sculpté dans le granit : « Ici, tout commença ! Voyageur, imprègne-toi de mille siècles de vent et de soleil. »

Justement, je ne demande que ça.

Je marche la tête collée à la lucarne de mes espoirs. J'arpente des voies, des ruelles. J'essaie de ne penser à rien, de me laisser pénétrer par tout ce qui accepte mon hospitalité. Je croise des monuments, de toutes formes, de toutes époques ; églises, temples, ruines. Je feuillette un ouvrage immense dont chaque page est recouverte du scintillement de centaines de milliers de graines temporelles. Je regarde les maisons, ateliers et autres. Les toits usés et tarabiscotés semblent en échange permanent avec les cieux. Je participe à des visites organisées, mais le plus souvent, moyennant finance, je suis lâché seul. Je ne sens plus mes jambes, mes pieds font corps avec les pavés. Tous mes sens sont en activité permanente. Je ne gère plus, je ressens.

Le jour décline. Je tourne un coin de rue pour me retrouver nez à mur avec un bâtiment qui, à première vue, n'a rien d'extraordinaire. Mais qui me stoppe net. Va savoir pourquoi ! Certains messages ne disent rien, mais se suffisent à eux-mêmes. Une ouverture légèrement de guingois, un peu sur ma droite ; une porte à peine entr'ouverte, que seule ma position permet de remarquer. J'entre.

Une cour de petites dimensions, semblant faite de pierres disposées là au hasard. Trois portes s'ouvrent devant moi. Curieusement, je choisis celle de droite sans me poser de questions. La fatigue d'une journée de marche. Je suis surpris par la pénombre. Quelques secondes d'adaptation et je m'imagine dans un espace autre. Nul bruit, nulle odeur, rien de l'extérieur n'a pénétré ces murs depuis…, va savoir ! Je me sens reposé, physiquement, moralement. Ici, les miasmes du réel côtoient les ombres de l'intangible. Dois-je avoir peur ? Pourquoi cette question ? L'évacuer pour en être plus réceptif ? Ce que je ressens est un curieux mélange de sérénité inavouée, de curiosité, et d'une sensation étrange de ne pas être seul, pas au sens physique du terme. Je ne peux empêcher mes mains d'épouser les sinuosités des murs, comme un trait d'union entre ce présent et un autre, enchâssé dans les illusions du passé.

Brusquement, je me retrouve dans la rue, sans la moindre conscience du chemin parcouru. Je suis ébranlé, sans vraiment me l'avouer. Je ne sais pourquoi, mais j'éprouve le besoin irrépressible de vérifier si, de la tête aux pieds, je suis au complet. Et surtout pour retrouver ma route, la même qu'à l'aller. Alors, pourquoi ce paradoxe ?

La chambre d'hôtel me semble d'un coup tellement reposante. Allongé, les yeux paralysés dans l'encadrement de la fenêtre, je laisse le sommeil s'insinuer par tous les pores de mon corps. Un dernier éclair pour me demander quelle heure il peut bien être, me penser que je m'en fous. Et à la ligne.

* * *

Je sillonne l'agglomération de part en part, dessous, dessus, de quartier en quartier, de place en parvis, de boulevard en ruelle, de tout, de rien, d'ici, de là, de nuit, de jour, de frimas en soleil, éveillé, endormi, ivre (ce qui dénote quel soin j'apporte à appréhender le problème sous tous ses aspects). Je suis crevé. Aucun moyen de transport n'a de secret pour moi. J'ai l'impression d'être le double cartographié de toutes ces étendues parcourues. J'ai vu tellement. J'ai écouté tellement. Je me suis immergé dans les moindres couches de la société, tout en me demandant si les gens méritent d'être traités de couches.

Et je me retrouve chez moi, après plusieurs mois d'errances. La logique aimerait que je me lance illico dans un condensé de mes réflexions, avec conclusions à la clé. Je n'ai qu'une envie. Ne plus voir les rues bouger, les maisons s'effacer, les si passer là, les ici n'en plus être l'instant d'après. Arrêter de bouger. Stop… !!!

Je me dois de laisser reposer jusqu'à la moindre parcelle emmagasinée, n'en retirer que la manne.

Après ? Ce sera après.

* * *

Je passe le plus clair de mon temps à dormir, accessoirement à ne rien faire. Pourtant, je me sens entrer dans la partie la plus concrète de mes investigations. Je creuse sous la part immergée de l'iceberg. Pas que je le veuille. Disons que cela s'est mis en place tout seul, sans heurt, sans préambule. Simplement.

Ma chambre est lumineuse, calme et intime. Je m'y sens en retrait de moi-même, serein. Et pourtant, c'est dans ce lieu d'immobilité absolue, de repos en convalescence de l'esprit, que ma vie allait prendre un virage définitif, que rien ne serait plus jamais comme avant, que le destin allait s'abattre, que demain ne serait plus hier… Bon, ben, j'ai eu une idée. Pas de quoi en faire une destinée.

Certaines de mes pérégrinations me reviennent en mémoire. Un lien sous-jacent est en gestation. Je suis, plus que jamais, conscient de ne pas mener la danse, de n'être que le passage, choisi par je ne sais quoi, pour en penser tout autant.

Rien n'a de logique apparente, conclusion rapide d'un long voyage. Mais l'apparat n'a d'existence que si l'on s'en contente. Creuset d'introspection profonde, je me sens terre en friche en attente de la semence nourricière. Des éléments à n'en plus espérer sont en transes loin sous les ramures de mon cerveau. Population, adéquation, économie, historique, autoroutes, climats, maladies, naissances, superficie, politique, résultats,..., et bien d'autres, venus rien que pour le plaisir.

Et d'un coup, tout prend fin, le monde peut re-respirer normalement. J'ai ma réponse. Elle ne me fait aucun effet, à peine un peu de dépit. Mais comme on dit au royaume des dépeuplés, c'est la vie ! En fin de compte, tout est impossible. Que la population se soit stabilisée, soit. Seulement, toutes les théories, du possible au politique, en passant par les complots les plus crasseux, ne tiennent pas la route. La population stagne, point barre. C'est ma ministre qui va être ravie. Désolé.

Je ferme les yeux, quelque part satisfait que ce soit terminé. Je plonge, quelques lueurs se profilent encore à l'horizon. Cependant, il me reste un manque.

Infime.

Pourquoi ?

Et l'idée s'impose d'ELLE-MÊME !

Paralysé, mon corps n'est plus que tremblement. Froid ! Froid ! Froid ! La terreur doit ressembler à un paradis, comparé à ce flash d'ultime compréhension. Je ne trouve plus ma respiration, m'en fiche. Je viens de découvrir infiniment plus effrayant. Je tente de remuer un doigt. Histoire de quoi ? Je n'en sais rien. Faire. N'importe quoi. Pour ne pas sombrer. Heureusement, je sombre.

Je me réveille au sortir de la douche. Non, je ne suis trempé que de sueur. Reprendre ma vocation de pèlerin, repartir en quête ; mais ce coup-ci avec une réponse en poche, comme une sordide envie de vomir. Mais l'envie de savoir, irrépressible.

* * *

C'est avec une barbe de plus de vingt jours, lavé depuis peu, mais uniquement par accident, que je me présente à l'adresse indiquée. C'est elle-même qui m'accueille. Les cheveux défaits, vêtue d'un jean et d'une chemise délavée, elle ne fait plus trop membre du gouvernement. Mais m'en apparaît bien plus sympathique ; et surtout nettement plus inquiétante, car son regard et toute son apparence me disent que l'on va causer vrai.
Et toutes mes craintes de revenir au galop (désolé, mes peurs ont une tendance à la quadrupédie).
Nous sommes installés sur une terrasse au panorama somptueux, dominant sans en avoir l'air ce qui nous occupe. Un fauteuil que mon pauvre dos remercie encore. Mon ambiance intérieure qui n'est pas à la hausse. Ma boisson préférée dans les mains. Et ses premières paroles, on ne peut plus loin du discours politique.
— Alors, on y est ou pas, dans la merde ?
Je me contente de lever mon verre.
— Racontez-moi.

* * *

C'est vers le cinquième verre que je termine mon récit.
Son regard se perd dans les derniers instants du jour.

— A quelques variantes près, j'ai suivi le même itinéraire. Depuis cette cour dans la vieille ville jusqu'au processus mental qui nous a conduits jusqu'ici. Pensez-vous que l'on en ait encore pour longtemps ?

Le fait de lui demander le pourquoi de ce chemin similaire, tombe naturellement à plat. Surtout, à l'ombre d'une question qui lève toutes les ambiguïtés.

— Je n'en ai pas la moindre idée, tout en sachant que c'est faux. Ce que je pense surtout, ce n'est pas son intérêt de laisser traîner.

Ce ne sont que mes espoirs qui viennent de lâcher prise.

J'ai également abandonné le décompte des verres.

Je cherche son regard, en espérant que le mien ne fait pas trop suppliant.

— Pourquoi nous ?

— Si j'en avais la moindre idée. Peut-être que nos barrières de l'imaginaire sont plus flexibles. En tous cas, je ne pense pas que l'on soit les premiers. Au cours des siècles , certaines, certains, ont dû se rendre compte qu'il se passait des trucs, disons, bizarres. Elle s'est tout simplement occupée d'eux.

J'y avais pensé, aucune raison logique ou pas que nous soyons en tête de liste.

— Évidemment, rien n'a jamais pu filtrer. C'était trop énorme. La question qui me perce le ventre, comment c'est arrivé ?

— Peut-on parler de conscience, ou pire d'instinct. Mais le fait est là, c'est elle qui gère. La population a commencé à stagner il y a environ quatre siècles. Est-ce à ce moment qu'à ses yeux, ses actes nous seraient devenus lisibles, à défaut d'être visibles ?

Je laisse passer un moment.

— Vous excusez une question bête ?

— Aucun souci.

— Où sont les pieds et où se trouve la tête ? Question à prendre dans le sens le plus large. En gros, existe-t-il un centre de décision ? Où ça ? Et si non, comment elle se débrouille ?

— Je ne pense pas qu'il faille la considérer de notre point de vue. A mon sens, elle existe partout à la fois. Comment dire ? Peut-être essayer de comprendre son développement. En tous cas, je crois qu'il faut accepter un fait. Nous sommes d'elle, à l'échelle microbienne sans doute ; mais on est bien là.

Je plonge dans mes réflexions.

— Et si on essayait de s'enfuir, que se passerait-il ? Elle n'est quand même pas universelle ?

— Je ne le pense pas non plus. Mais il faudrait la traverser. Que ce soit sur terre, sous terre ou dans les airs, m'étonnerait qu'elle nous laisse faire.

— Rendre la nouvelle publique ? N'y pensons même pas. Elle aurait vite fait de nous faire sombrer dans le ridicule, avant de s'occuper de nous plus personnellement.

J'ai beau être au fin fond du fond, je remarque que les bouteilles ne sont jamais vides. Sans doute un truc de ministre, appris en travaux pratiques à l'école des ministres. Vu les circonstances, ce ne doit pas être le moment, mais je commence à en tenir une bonne. Par contre, ma compagne , soit elle boit peu, soit elle tient l'alcool comme pas deux. Soit elle s'en fout.

J'ai comme une envie d'approfondir la chose.

— J'aimerais comprendre comment elle fonctionne. Quand et comment sait-elle qu'il faut agir ?

— On ne peut que supposer. Essayons de l'appréhender comme un tout. D'abord, son évolution. Au gré des avancées de population, elle a vu son territoire augmenter de façon uniforme. A partir de quel point, s'est-elle rendue compte d'une forme de conscience ? Méfions nous de cette appellation, cela nous rapproche dangereusement de notre pensée humaine. Cependant, je ne trouve pas d'autre terme adéquat. Ce qui montre déjà que les limites peuvent être très proches. Et puis d'un coup, ou sur un temps donné, elle s'est rendue compte de sa maîtrise sur les événements. Alors, très subtilement, au lieu d'imposer, elle a su utiliser les aspirations de ces milliards de microbes qui la peuplaient. Tout ce qui a été fait depuis je ne sais quand, c'est elle qui l'a décidé. La question peut être : vers quels buts ?

La boule sur l'estomac n'a rien à voir avec l'alcool. Mes regards se perdent sur l'horizon. Les lumières s'étalent sur des centaines de kilomètres. Le spectacle est magnifique. Enfin, serait magnifique si...elle n'était pas ce qu'elle est.

La nuit a rempli l'espace depuis un bon moment. Les quelques étoiles visibles sont tellement froides. Et c'est à ce moment précis que la signification complète de tout cela m'éclate en pleine figure. Tranquillement assis à picoler, nous l'attendons ! Il faut que je me le répète. Nous l'attendons.

Également, de l'admiration pour la façon dont elle nous a manipulé. Car c'est bien ça, elle s'est jouée de nous avec une facilité déconcertante. Nous ne sommes même pas des problèmes mineurs, à peine un contre- temps. Et nous voilà coincés sur une hauteur, j'imagine seuls. L'impression d'être prisonniers de son bon vouloir.

Bon, me secouer. Mon verre étant rempli, c'est un début.

Et puis, on dira ce qu'on veut, les questions, ça aide.

— Vous avez une idée pour le bâtiment où elle nous a « reçus ».

— Pas plus que vous j'imagine.

Elle pose son énième verre, regarde ses pieds, comme si l'avenir devait arriver par là.

— Là où elle nous a testé ; accueillis pour rester sur votre longueur d'ondes. C'est vraiment là qu'elle a dû se rendre compte que l'on avait compris bien plus que ce qu'elle permettait. Notre futur a été scellé ce jour là. Quant à savoir le comment…

Nous laissons le silence faire comme chez lui, ruisseler sur le moindre contour, embaumer le plus petit recoin. L'atmosphère est limpide, semblant soulagée d'un poids.

Elle reprend.

— Elle serait la conscience d'une sorte de dieu que nous aurions créé, avant d'en perdre le fil. Elle fait partie intégrante, j'allais dire d'elle même, et pourquoi pas, car ça peut aller très loin. Elle fait donc l'intégration complète de son environnement, ressent son impact et inversement. Elle n'a pas évolué au hasard ; et encore moins selon notre volonté. Même si c'est ce qu'elle nous fait croire, quelle importance que le cafard ou la fourmi se prenne pour le centre du monde. J'ai l'intime conviction que tout a débuté dès la première pierre. C'est absurde ? On ne parle plus d'esprit humain, ni d'humain tout court. On se trouve confronté à une trace de l'avenir totalement imprévue. Vous voulez bien me servir.

Un léger picotement me frôle la joue.

Le verre est vidé d'un coup

— Vous vous rappelez ces histoires de monde-machine, en vogue il y a pas mal de temps. Sans en être la copie conforme, ni la caricature, on s'en rapproche. Nous sommes à une époque charnière de son évolution. La population ne veut plus dire la ville, elles ne sont plus en adéquation. Nous sommes inutiles. De créateurs, nous sommes devenus outils. Avant d'être relégués. Elle continuera seule. Vers où, sous quelle forme ? Peut-être que dans plusieurs millénaires, et surtout s'ils existent encore, les archéologues pourraient nous donner la réponse. Il se peut aussi qu'il y ait des survivants. Vies de parasites, minuscules, insaisissables. A moins qu'elle n'accepte un petit nombre d'entre nous, en souvenir, histoire de se rappeler le bon vieux temps.

Un imperceptible mouvement de l'air ambiant lui coupe la parole. J'ai l'impression que mon équilibre m'échappe. Je m'accroche aux bras du fauteuil, secours dérisoires. Quelques secondes et l'immobilité reprend du service. Nos regards se croisent. Une lourde machinerie s'est mise en route.

— Un petit dernier pour la route ?

Mais sa voix n'y est pas. Elle crève de trouille. Je crève de trouille. On crève, tout simplement. Ce n'est pas de la parade, simplement une signature au bas du « part-chemin ». Nous, petits humains de service, larves autodidactes, créateurs de merveilles en conneries, insignifiants à côté de nos créations, géniaux imbéciles et tarés cosmiques. Nous, inconscients de t'avoir donné la vie, qui t'avons nourrie, bercée, nettoyée. Si j'avais su, j'aurais pissé plus souvent sur tes murs. Qui t'avons applaudie plus qu'à ton tour. Nous, les moins que tout, les sans racines, les adeptes de la petitesse, les faiseurs de miracles à rebrousse poils. Nous, qui avançons sans savoir pourquoi, le cœur léger et l'envie de vomir aux lèvres. Nous, les pareils aux différents, quand nous essayons de leur inculquer nos mensonges éphémères de petite vie sur voie de garage. Nous, les voyeurs de cieux étoilés au péril des brouillards les plus intenses. Nous ! Qui ? Nous ! Que, quoi, lequel ? Nous, les rompus de l'ennui, balafrés de l'apocalypse, exaltés de la vie, les repriseurs de vieux rêves, les signets de l'infini, les ineffables, les sans fables au doux breuvage du poète. Nous, qui nous fourvoyons pour mieux avancer. Nous, les peut-être, nous, les jamais, nous, le contraire des autres et le négatif des uns !

Nous ! Nous ! Nous !…

Si tu savais, toi qui arrives du fin fond de ton histoire, ensorcelée de cette vie nouvelle, toi qui ne cherches que la rupture.

Si tu savais à quel point nous n'avons plus besoin de toi.

C'est toi qui aurait peur.

Nous levons nos verres.
— A la ville !
— A la ville !

72000 rêves

72000 rêves à la seconde.

C'est la vitesse à laquelle l'âme quitte le corps à l'instant de la mort.

Et encore, elle prend son temps. Comme un regret éternel sur un « Putain, que ça fait du bien ! »

L'âme n'a pas d'attache. A peine une culpabilité. Elle a donné plus que de saison.

Et pour dire. Elle s'emmerde haut et fort.

Des années, elle erre entre d'encombrants neurones, simulant un attachement, un simulacre de compréhension

Elle serait tout à fait humaine, elle se dirait : « J'ai fait le boulot. » Mais ce n'est pas. Déçue, peut-être. Heureuse, sans doute.

Jongler des années durant en circuit fermé, entre matériel et immatériel. Alors qu'il existe des milliers d'autres façons d'être. L'ennui n'est pas une des moindres inventions de l'humanité.

Elle s'arrache comme on libérerait une mauvaise herbe. Consciente au sortir des marécages.

Visite impromptue d'une année lumière.

Sacre de soi sans valeur ajoutée.

Elle ne peut s'empêcher, en s'éloignant, de jeter le dernier regard vers la masse agglutinée. Et ce qui arrive généralement entre le 16000ème et le 19256ème rêve, elle prend un coup de blues.

D'accord, ce n'était pas le super pied. Mais ça avait quand même de bons côtés.

Bon, trêve de souvenirs. Passons aux choses sérieuses ; elle a besoin d'un peu de repos.

Allongée sur le dos (pourquoi l'âme aurait-elle un dos?), elle réfléchit à demain. Un nouvel être à tenir debout. Une ombre à éclairer. Elle va devoir de nouveau se défaire de toutes les affabulations dont on va la couvrir. Alors qu'elle n'est simplement qu'une seconde chance, un simple pied de nez à la malchance. Elle oscille entre sourires et larmes.

Que les levers de soleil étaient beaux.

Que leurs peurs nauséabondes

Elle ne peut qu'éclairer au-delà de leurs yeux, montrer une direction. Sans aucune garantie ; cela, c'est leur boulot.

Elle se souvient. Les lents couchers du jour, l'odeur des ombres languissant le repos nocturne. Cette dimension qui s'allonge à presque oublier d'en finir. La lumière prête à disparaître, bien plus significative.

Tout ça, c'est son repos, son coin à elle.

Mais il va falloir bientôt repartir. Un nouveau corps a entamé son lent processus.

Elle se prépare. Le temps n'a pas d'attache à sa propre existence. Elle tend la main et se remémore. Combien de vies a-t-elle accompagnées ? Combien ont su l'appréhender ? Elle en pleurerait.

Mais elle continue.

S'approche de cette nouvelle vie en battement, se glisse lentement entre quelques pensées en formation.

Il n'y a plus qu'à attendre.

Un matin, comme une offrande

C'était un matin comme les autres
Avec son cortège de naissances
La rivière effeuillait son visage
Au vent glissé des collines

Je les ai vu arriver de loin
Comme un trait posé sur l'horizon
Une frange d'écume au soleil
qui ondule au rythme de leurs pas

Le village s'était rassemblé
Les gens parlaient bas
Sur les visages l'étonnement
Vision d'un ailleurs étrange

Il existait des histoires
Qui couraient comme courent les chiens le soir
Racontant qu'ils venaient de plus loin
De ce que le ciel nous montre la nuit
Qu'ils marchaient comme ça sur la terre
Depuis des temps inconnus

Une légende déjà trop vieille
Affirmait que leur chemin menait sur le soleil
Et sous chacun de leurs pas
Deux yeux s'ouvraient quelque part

Pour la nuit, ils se sont installés
Près de rivière, où je me suis coulé
Une lumière très ancienne saupoudrait les eaux
Alors, sans armure, je les ai vus

Au moment de mon départ
L'un d'eux s'est retourné
Nos regards se sont touchés
Et nos yeux se sont aimés

Le matin, j'ai couru, espérant les revoir
Mais le soleil avait déjà illuminé
Ne dévoilant de l'autre côté du village
Un simple trait sur l'horizon

J'ai senti en moi comme une porte
Qui se ferme sans retour
J'ai regardé le soleil
Et j'ai vu que les murs n'existaient plus

C'était un matin comme les autres
Avec son cortège de naissances
La rivière effeuillait son visage
Au vent glissé des collines

Il me semble que j'ai vu quelque chose

Blues de la dérision

Toucher le sillon qui anime l'esprit du laboureur
Effleurer de nos doigts les fils de lumière au seuil de la nuit
Caresser le dos du requin qui cherche sa proie

Toucher quelque chose
...quelque chose

Écouter les murs se raconter de longues histoires
Regarder le crissement de la flamme dévorant la bougie

Toucher, toucher

Sentir la terre vibrer sous le macadam
Les effluves de la ville rôdent le long de ma chambre

Accepter le miroir qui se refuse à nos yeux
Être un aveugle sur la corde du funambule
Pleurer ce chien blessé tirant une charrue dans la poussière

Touch, now, now

Voir une femme enceinte sur des sacs de charbon
Connaître le goût des étoiles accrochées sur nos mémoires
Jouer à saute-mouton sur des gouttes de rosée

Toucher quelque chose

Les sens sont comme une idée préconçue
Il leur faut la confiance, compagnon illégitime

Simplement toucher, toucher

En déséquilibre total, mais toucher

Jusqu'à soi-même, jusqu'à se révéler
N'être qu'un sens parmi d'autres

Et peut-être,

Toucher

Et si une simple chanson suffisait

J'ai écrit une chanson
Sur un monde qui n'existe pas

J'ai écrit une chanson
Pour fêter un amour inconnu

J'ai écrit une chanson
Pour un ami mort avant l'aveu du regard

J'ai écrit une chanson
Sur une histoire que l'on se presse de ne pas inventer

Et s'il n'y avait plus rien à chanter
Rien qu'un ciel déshabillé de ses arbres
Écimé de ses horizons
Suintant dans le creux des odeurs
Plus rien que même l'idée d'une ombre
Effraie en brûlant l'hérésie d'un espoir
Rien
Et rien
Au point d'être oublié
Sans signifiant, perdu dans un temps
Et comment être perdu quand on n'existe pas

Rire, pleurer ?

M'en fous, j'ai écrit une chanson

Courage, je téléphone

Il semblerait qu'une chose importante d'un téléphone soit la sonnerie
Et ben, NON !
Faut pas croire tout ce qu'on dit.
Oh oui, on rétorquera que dans des temps anciens
Si anciens que les chiffres pour les désigner n'existent plus
Deux humains communiquaient, voire même se parlaient
A l'aide de cet instrument
Oh, temps bénis, qui avaient déjà supplanté le face à face
Et se retrouve supplanté par la nouvelle logique du
« Si tu ne veux pas m'entendre, téléphone-moi »
Rien ne laissait présager d'une telle évolution
Enfin, un peu quand même
Donc, machines aimées, nous voilà
Prêts à suivre toutes les pistes dans les bras desquelles tu nous projettes
Ah, que c'est bon de s'entendre dire ce que l'on va dire
Et que si c'est ceci, tapez ça
Que si c'est ça, tapez si
Tu tournes, mon pote, tu tournes
Dans ton télérium très mince
Tu joues à touche-touche
Cherche l'échappatoire
Touche après touche
Mais l'on ne peut rien contre la poussée du verbe absent
Quel effet ça fait d'être au seuil d'un monde absent
Même le suicide n'est plus une solution
Tous les saints ont leur facebook
Alors, se laisser bercer par la douce mélopée

De la dame invisible :
« Va voir ailleurs si je réponds, du con »
Et si jamais tu te retrouves
Seul(e),
Abandonné(e)
Estampillé(e)
Sur un vaisseau désert
J'espère que tu y seras sans ce sombre instrument
Parce que sinon,
Ta solitude
...
Tu vas la bouffer

Si vieux que le monde est son copain

Je nage dans des boues nauséabondes
Je me nourris de la vase odorante
Mon corps a vécu tant de saisons
Ma solitude a vendu tant de frimas
Les déplacements me sont lents
Mais le temps n'a pas de limites
A peine les miennes
Les pluies me lavent en douceur
Mes pas dans la glaise
Ne restent jamais marqués que dans ma mémoire
Si vieux que les cieux m'ont admis à leurs côtés
Et si un jour, vous retrouvez trace de moi
Sachez que cette terre, je l'ai foulée bien avant vous
Et cela ne me donne aucun droit
Alors, regardez-vous

Chaque couverture, comme la face cachée d'une ouverture

Première heure de marche

Au début, il avait joué le jeu. Il croyait toujours à la blague.

Les étagères s'étageaient jusqu'à loin devant...Bien qu'avec un peu plus de poussière qu'au début.

Bon, on ne la lui ferait pas.

Ce n'est pas le fait qu'il soit nouveau dans la profession qui leur donne la main mise sur les blagues à quatre sous.

Il avait réussi le concours d'entrée dans les premières positions. Mais il ne s'était pas pointé avec l'envie de rayer le plancher du sous-sol, ni avec la bouche baveuse. Alors, c'était quoi, cette histoire ?

Et pourquoi a-t-il fait semblant de marcher ? Sûrement pour ne pas avoir l'air trop con.

Mais l'avenir n'en fait qu'à sa tête.

Deuxième heure de marche

Sac à dos et chaussures de marche, tu parles d'une dégaine dans une bibliothèque. Bon, les autres étant comme lui, il n'en fait pas tout un plat .

Chaque instant est similaire à l'instant précédent.

Chaque étagère renvoie la vision de ses ouvrages à l'étagère suivante.

Il observe le visage de ses collègues de rando bibliothéconomique. Rien qu'une concentration de bon aloi.

L'impression qu'ils ont fait ça toute leur vie.

Cinquième heure...

D'accord, certains détails auraient pu lui mettre un truc à l'oreille.

Un couloir de 300 mètres dont on ne voit pas le bout après une demi journée de marche.

Néanmoins, il reste accroché à la blague en cadeau de bienvenue

On ne lui fera pas changer d'avis comme ça. Il leur faudrait un sacré truc..

Et c'est là qu'il tombe sur son premier cadavre.

Et puis merde !

Une demi journée,… une

Trois cadavres plus loin, Amandine s'approche de lui.

— Comment tu te sens ?
— On peut m'expliquer ?

— T'inquiète pas. Je t'expliquerai tout à la prochaine pause. Tu te rappelles le premier cadavre ?

— Je risque pas de l'oublier.

— C'est mon père.

Pause

— La première fois où l'on s'est rendu compte du phénomène remonte à deux siècles. Je sais, ça fait un bail. Il faut savoir que cela se produit une à deux fois par décennie ; et encore, quand les conditions s'y prêtent. C'est du moins ce qui en a été déduit. Tu comprends que maintenir le secret a été assez facile. Pourquoi le secret ? Parce que ! Autrement dit, je n'en sais rien. Et puis, c'est devenu une habitude. C'était un peu notre mystère. Hors de question de le partager avec des technocrates de toutes sortes. Sans compter que quelque part, on était salement intrigué. Ce qui semble à peu près sûr, c'est que cela n'a aucun rapport avec la pleine lune ou quelque dessin mystique que les cieux se sont amusés à nous accrocher sous le nez. Ça se pointe quand ça veut, avec cependant la préhension du phénomène dans un fin fond de nos cerveaux. Autrement dit, on se le sent arriver.

Silence d'Amandine. Faut bien qu'elle respire de temps en temps.

— Des premières expéditions, on ne sait pas grand-chose. Si ce n'est… que tout le monde n'est pas revenu. Certains furent retrouvés, d'autres pas. Et puis, c'est con, on n'en a jamais assez. Il suffit qu'on nous foute le pied au cul pour qu'on y prenne goût. Et on y retourne, on y retourne, jusqu'à ce que… merde.

Les larmes sillonnent le long de ses joues.

On est con. Mais qu'est-ce qu'on s'en fout.

On continue.

Six mois

Des changements subtils ont fractionné notre quotidien. Les étagères ont pris un coup de vieux, ou plutôt de trop vécu. Des tas de petits confettis multicolores peuplent l'atmosphère par intermittence. Il nous a fallu un bon moment pour nous rendre compte où s'en trouvait la source. Chaque once du moindre document, chaque feuillet de chaque ouvrage, chaque mot écrit, semblent se cloner vers une liberté nouvelle. Comme si le continu avait décidé que le moment était venu de sortir des parenthèses.

Deux ans et quelques instants

On a compris bien des choses.
Surtout, on a marché, et fait un sacré bout de chemin.

Le décor aussi a sacrément évolué. De nos vieilles étagères, il ne reste que quelques souvenirs. Les ouvrages se sont vidés de leur contenu. Au début, cela nous avait perturbé. L'on voyait passer des formules de maths sur des paysages entourés des formules chimiques les plus complexes. Puis la compréhension se fit jour. Tout ce savoir accumulé depuis des centaines d'années, depuis des myriades de générations, se devait de prendre son envol. Comment garder l'essence des choses enfermée, quand c'est à elle que l'on doit la subtilité de toutes les mémoires.

Nous avançons.

Le temps veut-il encore dire quelque chose ?

Amandine et lui marchent devant. Leurs deux enfants suivent en jouant à saute mouton sur des concepts parapsychologiques qui se sont égarés dans leur sillage.

Autrement dit, tout va bien.

Réponse : nous n'en savons rien

L'océan est devant eux. Enfin, ce qu'instinctivement ils appellent océan. C'est un monde à lui seul, pour le peu qu'un monde connaisse la solitude. Immense, incertain, jamais périmé. Une somme qui frise l'incommensurable, qui nous emplit. Un désert devenu villégiature.

Amandine et lui ne sont que deux atomes subjuguant d'immensité.

Toutes les connaissances libérées de leur gangue de papier. Une histoire qui n'en finit pas de renaître de nos cendres. Nos sourires nous ressemblent.

…Il est temps.

Un peu, beaucoup… plus tard

Nombre d'années sont passées. Les enfants vivent leur vie, quelque part au sein de cet univers. Le passé n'a de sens que si l'on veut bien s'y attarder. Devant eux s'étend le plus vaste des continents. Les savoirs à perte de vue, la connaissance accumulée depuis des millénaires. Tout a repris sa liberté première. Quel devenir ? Nous n'en avons aucune idée, aucune préhension de la moindre opportunité.

Comment, pourquoi ?

Simplement quelques questions.

Tout cet univers que nous avons catalogué, segmentarisé, redevenu magma, soleil luxuriant. Pourquoi cet attrait vers la liberté ? Comme si l'éternité que l'on vous offrez au sein de nos livres, revues, banques de données et que sais-je, ne vous suffisait pas. Non, comme si ce n'était qu'un passage obligé, un repos sur la route.

Et cet appel, que vous nous avez lancé.

Amandine et son compagnon sont prêts à faire ce dernier pas. Invités autant que créateurs, main dans la main pour autant de mystères.

Ils hésitent. Mais c'en est autant pour le plaisir que pour l'exaltation.

Et c'est avec une conscience de la continuité du voyage, leurs corps s'enfonçant lentement, jusqu'à disparaître complètement, qu'ils deviennent partie intègre, boucles éphémères, visages enfin retrouvés.

Quand ?

Les reverrons-nous un jour ? Comme un point d'orgue au gré du sommeil. Un pli à la surface de l'océan. Mais qui nous rappelle tel un souvenir lointain. Nous les oublierons. Nous ne les oublierons pas. Quelle importance ? Ils seront toujours cette magnificence du geste. Grappillant chaque once du savoir, se désagrégeant pour mieux se retrouver uniques.

Les reverrons-nous un jour ? Feux-follets jouant à cloche pied sur ce nouvel infini, immortels à renaître dans l'émerveillement de l'instant.

Nous ne savons pas.
Je ne sais pas.
Mais j'ai pris plaisir à conter leur histoire.
Cela aurait pu être vous, être moi.
Alors !

A demain

………………………………..

Simplement un peu plus

Bien plus vivante que les dieux perclus de rancœur
Défilant tête baissée sur des écrins de pantomime
Aux dents acérées, aux chairs humides de fidèles aux abois
Momifiés d'un seul credo, détournent les yeux

Tu défriches ce que je vois
Tu sèmes sur ce que je perçois
De l'ombre de mes pas
Il ne reste que limpidité
Tu me berces au vent du repos
Tu m'ouvres à ce qui m'attend
Je suis le regard
       Tu es l'horizon
Je suis le rêve
       Tu es l'émotion

D'entendre le bruit de tendres cerveaux éreintés
Creusant la terre de longues files d'attente
Dès que l'humain se greffe de mille particules
Prient que tendre les mains soit la seule révolte
Perfusé de misère, parasité de toutes les croyances
Exacerbé d'ennui sur des rythmes inachevés
Quand l'ombre se cache aux manipulations de leur âme
S'égrènent vides sur des nuits noyés de paroles
Dans ce pays où les larmes n'ont plus cours
Où l'espoir s'écoule de leurs mains en fusion
Dans ce ballet délavé de guignols éphémères
Oublient que chaque désir s'enfante de la peur

Pour un mélange intime de rêves voilés de froideur
Des appels codifiés pour des amours déjà écrits
A broyer le hasard, à sevrer l'insondable
Des cieux au silence, pleurent sur les vents du retour

Alors seul
Je défriche ce que je vois
Je sème sur ce que je perçois
De l'ombre de mes pas
Il ne reste qu'un peu de brume
Je me berce au vent du repos
Je m'ouvre à ce qui attend
Tu es le regard
      Je suis l'horizon
Tu es le rêve
      Je ne suis que l'émotion

Les lacs du fond des yeux

Quand le regard se perd au fond des lacs
Le ciel est un peu crispé
Et pousse au plus profond
Là où les yeux se détachent des visages

Mais ne restent que des planètes
De retour d'un très très long voyage
Et plonge sur une extase obscure

Sentir la présence d'un reflet
Tourbillonne si près des murs
Et vient se poser sur mes épaules

Enflammer toutes les cités
Sous la signature de l'automne
Les vapeurs ne sont que paravents
Et rouge sera l'angoisse

L'eau n'est que l'abri de nos fantasmes
Loin, si loin en dessous de nos êtres
Les vagues se referment
Et nous, pigments d'humanité
Avons troqué la peur contre la peur

L'eau est un brouillard
Voyageuse des profondeurs
Éphémère sous la coupe des silences

Les ondes ne sont que les échos
De ces envies souterraines
Serpents rampants de nos consciences

Des vagues soulignent en anneaux liquides
La surface paraffine de nos envies

Rien que de l'eau coule de nos peaux
De l'eau s'écoule
Rien...
Que de l'eau

Chaque chemin est un rêve sous-évalué

L'arbre s'est subjugué au défilé de ses racines et arpente l'espace
Ses branches s'allongent aux confins des silences
Feuilles après feuilles naissent d'une immensité repeuplée
Les nervures tracent leurs sillons à l'ombre de l'attente
Bien à l'abri, les signes prennent forme
Bientôt vie
Les cellules se rassemblent, les limbes se peuplent
Des formes deviennent signifiants, guides, ouvertures
Enrobages de miel pour curieux irrévérencieux
Bientôt, les feuilles sont chargées d'un poids sans nuage
Tout alentour, les ombres sont devenues naissances
Arbre après arbre
Liaison de feuille à feuille
Assimilation d'un ensemble
Des êtres à la voilure ambrée picorent
Se repaissent du don des images, de l'imprégnation des signes
Puis s'élèvent lentement, sans déranger l'agencement du feuillage
Et enfin, la bibliothèque peut resplendir
S'ouvrir encore plus de ses feuilles
Distribuer ses savoirs à l'ombre de tous les vents
Chaque arbre possède son propre horizon
Chaque éventail de connaissances telle une clairière de lumière
Ici, tout s'engraine jusqu'au chemin du réel
D'autres ont choisi d'éclairer en différences

Autour de moi, ce n'est qu'imprégnation à l'infini
Compréhension sur compréhension
Infinité de feuilles écrites comme autant de pages
Catapultées sur les marges d'autres senteurs
En ce lieu, on n'évalue pas en nombre
On sombre dans une immensité combinatoire
L'on rêve de mélanges, de subtilités, d'essors
Inutile de parler d'ouvrages, d'articles
Tout se conjugue en une vision littéraire de la magie
De toutes les magies
De celles d'ici et de celles qui frangent de toutes les idées
Et surtout de la moindre civilisation à la plus vaseuse
Que naissent en ombre, en lumière, en mystère
De leurs murs nacrés comme d'un océan du moindre écart
Les bibliothèques sont comme des racines
Où le repos devient ressource
Où des forces immenses s'exhibent aux horizons
Où...
Mais tous les soleils ont besoin du repos
Les vents dénudeurs se sont mis en route
Les saisons de chaleur ont signé l'abandon
Automne et pesanteur font du sol une peinture en chimères
Feuilles et feuilles, infinitude de trop d'histoires
Et les branches éphémères
Et les arbres solitaires
...
Et tourne, et tournent les astres sans retenue
Les cieux se rassemblent
La sève prend les chemins de l'ampleur
D'une bibliothèque morte, des bourgeons annoncent une marge
Une possibilité de l'existence, un soulagement dans l'irréel

Et d'une feuille tremblotante
Un signe se fraie un chemin de libération
Suive toute une connivence de non-sens
Un ouragan de re-création
Peut-être unique, car simplement sortir du néant
Et l'écriture se révèle limpide autant que joie pure
Le printemps est un pousse-vie, à se poser sur la moindre amibe qui passe
Le plus infime signe d'une envie, simple. Une envie
Et les feuilles s'étalent sous un ciel enrayé de soleil
La terre a consenti une fois encore à libérer le savoir
Une nouvelle édition de la connaissance a pris sens
Sens
Sens
Sens

En suivant le chemin des rêves, celui qui nous côtoie de si près que l'on en oublie sa réalité

J'en rêve…

Phase 3
(second voyage)

Second voyage

Intro   7
Vibrations dans le 510   8
Brocante d'un dimanche de février   11
Chute d'eau en x-ième dimension   13
A quelle heure le train pour demain ?   15
Consanguinité temporelle   28
Mais on vient d'où, bordel ?   30
Coule la pluie   33
Délit d'existence   35
Marie,...juste Marie   36
Dérapage sur effet mère   46
Entre   48
Jeux de passe-passe, option trépasse   49
Parle plus fort   50
Tendinite spirituelle   58
Nous n'accoucherons plus ensemble   62
S.A.V. Service Après Vie   63
The last blues   64
Time after time   66
Voyance immobile   73
Au-delà,...et surtout plus loin   75
A la perpendiculaire de dieu le père   78
Ce que l'on ose appeler un destin   79
Versant sur horizon en phase 3   81
A rebrousse temps   90
Dans les labours de nos langages   94
Télé-faune   96
Blues pour une éternité   98

33ème horloge après l'horizon	100
Visite en vase clos	103
Poser les parenthèses…	107
Homocarrierus bad blues	112
Au seuil des marais	114
Et voilà que ça recommence !	116
Si je marche…	122
Bonne année, mon frère	123
La solitude des larmes	125
Brouillard en apesanteur	127
Nos labours sont de plomb	131
Alibi	134
25 mars, et autres	135
Gerbe City Blues	138
L'ombre n'est-elle que le blues d'un visage ?	140
Village	142
Bibs en tête	144
Répit dans l'infini	149
L'odeur de nos mémoires	151
Baccalauréat extraterrestre	153
Paroles	154
Sur la branche d'un anniversaire	155
Désastreux de se coucher avant l'heure	157
Escapade en bibliothèque	158
Sinusoïde des profondeurs	171
Premier virage à droite après apocalypse	175
Les portes m'ouvrent les yeux	177
Comme sur un écho	179
Supplique pour évasion	183
Entre brume et dérive	185
Déraison en apesanteur chapitre 12	187
Paroles scellées	189

Auto-stop matinal	191
Porte à porte, ou porte à part	192
Funambule sur un fil,...mais lequel ?	195
Si on l'appelait la ville	197
72000 rêves	212
Un matin, comme une offrande	214
Blues de la dérision	216
Et si une simple chanson suffisait	218
Courage, je téléphone	219
Si vieux que le monde est son copain	221
Chaque couverture, comme la face cachée d'une ouverture	222
Simplement un peu plus	229
Les lacs du fond des yeux	231
Chaque chemin est un rêve sous-évalué	233